2억 빚을 진 내게
우주님이 가르쳐준
*운이 풀리는
말버릇

만화편

MANGA DE WAKARU! SHAKKIN 2000 MANEN WO KAKAETA BOKU
NI DO S NO UCHU SAN GA
OSHIETEKURETA CHO UMAKU IKU KUCHIGUSE

Copyright © 2018 by Hiroshi Koike
　　　　© 2018 by Naomi Abe
All rights reserved.

No part of this book may be used or reproduced in any manner
Whatever without written permission except in the case of brief quotations
embodied in critical articles or reviews.

Original Japanese edition published by Sunmark Publishing, Inc., Japan
Korean translation copyright © 2018 by Thoughts of a Tree Publishing Co.
This edition is published by arrangement with Sunmark Publishing, Inc.
through BC Agency, Seoul.

이 책의 한국어판 저작권은 BC 에이전시를 통해
저작권자와 독점 계약을 맺은 (주)도서출판 나무생각에 있습니다.
저작권법에 의해 한국 내에서 보호를 받는 저작물이므로 무단 전재와 복제를 금합니다.

2억 빚을 진 내게 우주님이 가르쳐준
*운이 풀리는 말버릇
만화편

🌱 나무생각   고이케 히로시 지음 • 아베 나오미 그림 • 이정환 옮김

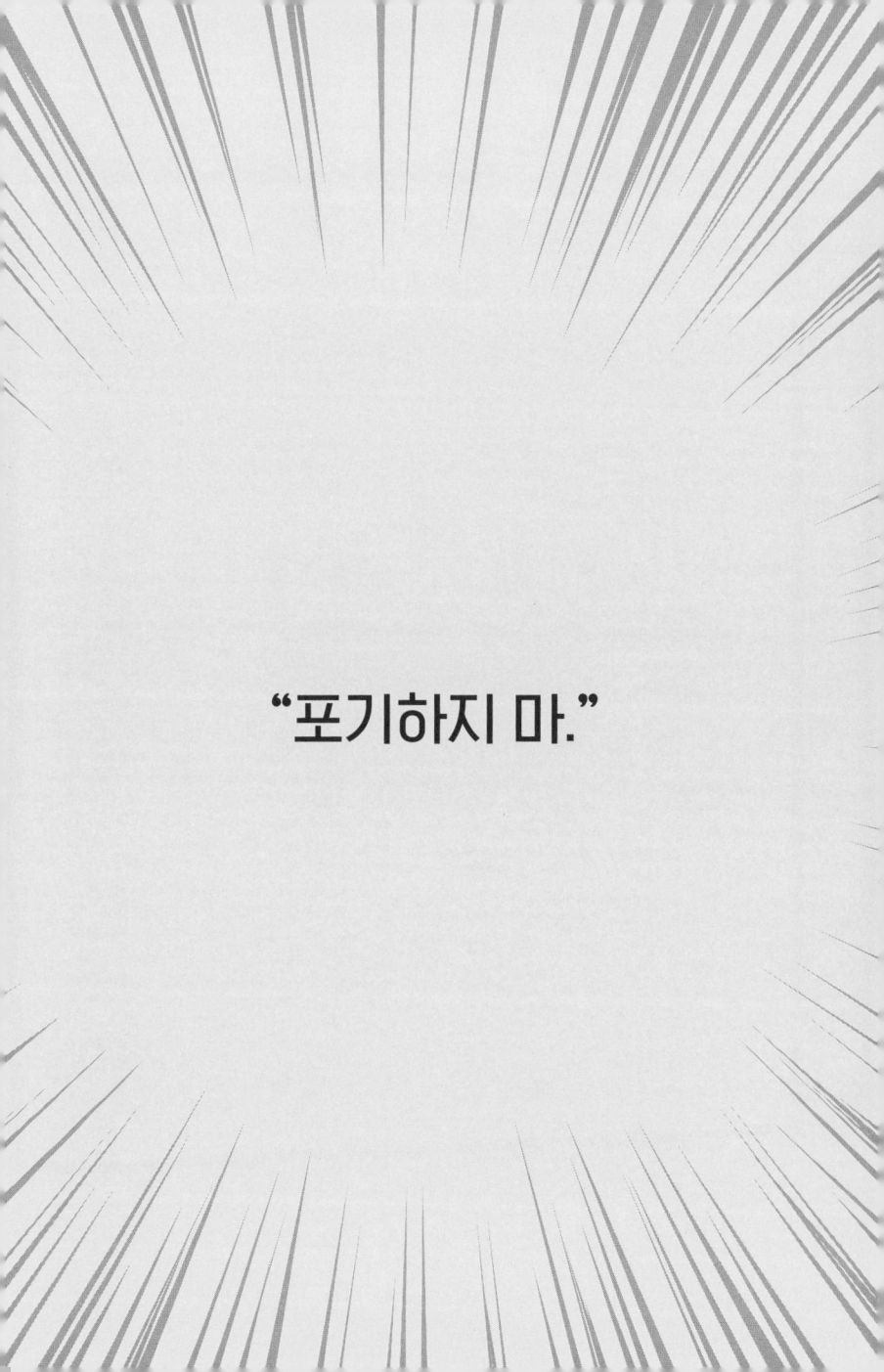

인생의 밑바닥에서
허우적거리던 그때,
나는 만날 수 있었다.
병아리를 닮은 머리에
자신감으로 가득 찬
아기 우주님을.

2년 전, 나는 거의 우울증 환자 상태였다.
인생을 포기하고 싶다는
생각이 들 정도로 궁지에 몰려 있었다.
센다이 시골에서 도쿄로 올라온 지
벌써 20년,
'도쿄에서 활약하는 멋진 여자가 될 거야.'
하며 부푼 꿈을 안고 상경했지만
정신을 차려보니 현실은…
악덕 IT 회사에서 일하는 계약직 사원.
돈도 없고 시간도 없다.

그때 우연히 만난 연하의 남자 친구는
성격이 거칠기는 했지만
나는 그를 내가 행복해질 수 있는
마지막 보루라고 생각했다.
바람기는 있어도 둘이 있을 때는
한없이 부드럽고 따뜻했던 그.
나는 그의 마음을 붙잡기 위해 사채업자에게
돈을 빌려서까지 금전적인 지원을 해주었다.
그런데….
"내가 정말 너랑 결혼을 할 거라고
생각한 거야?"
헤어질 때 그가 남긴 말에
내 인생은 이제 끝났다는 생각이 들었다.

38세, 독신, 빚 2천만 원.
그와 헤어진 다음 날,
회사에서 큰 실수를 한 나는
퇴근길 도시의 빌딩 숲 사이를
힘없이 걷고 있었다.
'누가 나 좀 도와줬으면…!'
그런 생각에 잠겨
나는 평소에 거들떠보지도 않았던
서점으로 들어갔다.
그곳에서 문득 제목이 엄청나게
긴 한 권의 책이 눈에 들어왔다.
'빚이 2억 원?… 무려 나의 열 배….'
1만 2,800원이라는 책값은 내게는
적은 돈이 아니었지만 그래도 뭔가
도움이 될 것 같은 느낌이 들었다.

책을 들고 집으로 돌아와
즉시 노란색으로 가득 찬 책장을 넘겼다.
"이제 의지할 게 아무것도 없어.
제발 도와주세요!
하느님, 부처님, 조상님, 우주님!"
주인공이 그렇게 소리치자
샤워기에서 이상한 물체가 나와
인생을 대역전시킬 수 있는
비결을 가르쳐준다…고?
"뭐야, 이게 실화야? 말도 안 돼."
한심한 책을 샀다는 생각이 들었다.
지저분한 원룸 침대에 집어 던진 뒤
일단 샤워를 해야겠다고 생각했다.

샤워를 하는데, 봇물이 터진 듯
하염없이 눈물이 흐른다.
'앞으로 어떻게 하지?
이제 내게 행복한 미래는 절대로
다시 오지 않을 거야.'
물을 틀어둔 채 물소리에 숨어
나는 큰 소리로 울음을 터뜨렸다.
잠시 후 물을 잠그고
샤워기 헤드를 지그시 바라보는 나.
'아, 그 고이케 히로시처럼
샤워기 헤드에서 정말 우주님이 나와준다면
얼마나 좋을까.' 하는 생각에 외쳐본다.
"제발 도와주세요! 우주님…."
'… 아니, 아니. 그런 게 나올 리가 없지.
그래, 그럴 리가 없어.'

"@#$%^&"
그때,
뭔가 속삭이는 듯한 소리가 들렸다.

그날부터
그녀와의 동거가 시작되었다.
히로시의 책에 등장하는 우주님과는
약간 모습이 다른,
작고 뾰로통한 모습에
병아리 같은 머리를 가진,
하지만 역시 이상하게 생긴 물체.
그 책을 읽을 때는
'우주의 규칙'을 하나하나
실행하게 된 내게 상상도 못할 결말이
기다리고 있을 거라는 사실을
나는 전혀 모르고 있었다.

아, 정말 위대한 아기 우주님!

히로미
본명: 고이즈미 히로미

도쿄에 살고 있는 38세 싱글녀. 남자 친구도 없고 변변한 직장도 없고 빚만 잔뜩 있다. 열여덟 나이에 센다이에서 상경, 학자금 대출을 받아 대학교를 졸업하지만 하고 싶은 일도 특별히 없었고 문득 정신을 차려보니 악덕 IT 회사에서 일하고 있는 신세. 남자 친구에게는 돈만 빌려주다가 결국엔 버림을 받았다. 2천만 원의 빚을 끌어안고 있으며 인생의 밑바닥에서 《2억 빚을 진 내게 우주님이 가르쳐준 운이 풀리는 말버릇》이라는 책을 만나게 된다.

아기 우주님

히로미 앞에 나타난, 히로미와 우주 사이의 교신 담당자. 오랜 세월 이어진 히로미의 자학적인 말버릇 때문에 몸이 작게 줄어들었고 뾰로통한 표정을 짓고 있다. 자신의 이름조차 기억해낼 수 없는 상태로 쪼그라들어 자신을 '아기 우주님'이라 부르지만 원래는 우주님을 능가할 정도의 두둑한 배짱을 가지고 있다. 히로미가 변화하면서 아기 우주님도 조금씩 변하기 시작한다.

고이케
본명: 고이케 히로시

센다이에 살고 있다. 2억 원의 빚을 끌어안고 파산이냐 자살이냐 하는 인생의 기로에 서 있던 상황에서 "우주님!" 하고 소리를 지르자 나타난 우주님의 인도로 인생이 급변했다. 빚을 모두 갚고 행복해진 자신의 실화를 그려 《2억 빚을 진 내게 우주님이 가르쳐준 운이 풀리는 말버릇》을 썼고, 책은 베스트셀러가 되었다. 고향이 같은 히로미를 우주님과 함께 응원해준다.

우주님

벼랑 끝에 몰려 있던 고이케의 외침을 듣고 나타나, 고이케를 도와 인생 역전극을 이루어준 장본인으로 유명해졌다. 생김새는 '말버릇'을 몽땅 그대로 현실화하는 우주의 '신'을 표현한 것. 부채를 가지고 다닐 때가 많다.

프롤로그 _____

우주님은 당신에게도 찾아온다

여러분께 또 인사를 드리게 되었다. 내가 《2억 빚을 진 내게 우주님이 가르쳐준 운이 풀리는 말버릇》을 출판한 것은 2016년 9월이다. 그 후 수많은 독자 여러분의 응원 덕분에 책은 15만 부 넘게 팔려 베스트셀러라고 불릴 정도가 되었다.
《2억 빚을 진 내게 우주님이 가르쳐준 운이 풀리는 말버릇》, 아니 통칭 《우주님이 가르쳐준 운이 풀리는 말버릇》이라는 책에는 내가 2억 원의 빚을 갚고 내 인생을 호전시킨 실화와 우주님으로부터 들은 우주의 규칙이 쓰여 있다. 내가 내 가게에서 "우주의 구조는 이렇게 이루어져 있습니다.", "소원이 이루어지려면 이런 식으로 하면 됩니다."라고 이야기했던 내용을 그대로 글로 옮긴 것이다. 우주로 보내는 주문이나 우주의 지시, 그 위대함과 치밀함.

그야말로 멋진 구조를 여러분과 공유하고 싶어서 모든 경험을 그대로 담았다. 하얀 고양이를 끌어안고 찾아왔던 마담, 자동차를 구입하러 갔을 때 일어났던 일들, 지금 다시 읽어도 정말 드라마틱하다. 독자들은 "고이케 씨, 책 정말 재밌었어요!"라는 말과 함께 이런 질문을 던진다.
"고이케 씨에게는 '우주님(하얀색의 기묘한 물체)'이 보이는 거죠?"
"고이케 씨에게는 영감이 있는 건가요?"
"어떻게 하면 저도 우주님을 볼 수 있을까요?"

정말 많이 듣는 질문이다. 그래서 미리 내막을 공개한다면 (물론 《우주님이 가르쳐준 운이 풀리는 말버릇》의 뒷부분에 설명했지만) 내가 우주님이라는 물체를 눈으로 직접 볼 수 있는 것은 아니다. 우주님이 정말로 캐릭터로서 보이는 것은 아니라는 것이다. 만약 내가 "우주님이 보입니다."라고 말한다면 이 책을 읽고 있는 독자 여러분도 '고이케… 정상이에요?' 하고 생각하지 않을까.

"그럼 우주님은 뭐지?"
당연히 이런 의문이 들 것이다. 사실 우주님은 그 캐릭터가 그대로 보인다거나 유령 같은 존재가 아니라 '나의 내부에 존재하는 진정한 나'가 보내주는 메시지이며 목소리다. 그것은 강력하면서 사랑이 깃든 목소리, 자신의 내면 깊은 곳에서 솟아나오는 목소리다. 그것을 《우주님이 가르쳐준 운이 풀리는 말버릇》 삽화를 그린 아베 나오미 씨가 멋지게 캐릭터로 표현해주었다.

"응? '나의 내부에 존재하는 진정한 나'라니, 그게 뭔데?" 하며 궁금해 하는 독자들도 있을 것 같다. '우주님'은 자신의 마음속에서 끓어오르는 목소리이며 직감이다. 즉, 단순한 사고가 아니라 자신의 마음 깊은 곳에 우주로부터 전달되어 오는 아이디어나 직감, 자신의 잠재의식이라고 생각하면 된다.

나는 우주님으로부터의 메시지를 매일 받고 있고 대화도 나누고 있지만, 지금까지 우주의 존재를 전혀 의식한 적이 없는 분들은 "아무리 노력해도 그런 목소리는 들어본 적이

없어.", "내가 머리로 생각하는 것과 우주가 보내주는 직감을 어떻게 구분해?"라고 말할 것이다.
하지만 우주님의 목소리가 들리지 않는다는 사람들도 사실은 눈에는 보이지 않는 에너지의 존재가 느껴지는 듯한 상황을 경험한 적은 있지 않을까.
예를 들어 '기(氣)'가 들어가는 말이 많이 있다. '기분 탓', '기가 세다', '기력이 좋다', '활기차다', '분위기', '공기' 등 헤아릴 수 없을 정도다. '기'는 그야말로 우주 공간에 넘치고 있지만 눈에는 보이지 않는 에너지다. 자연스럽게 느껴지는 그 감각이야말로 '우주님의 목소리'와 가장 가까운 것이다. 보이지 않는 것을 느끼는 감각은 누구나 가지고 있다.
그리고 말버릇을 바꾸면 그 감각은 더욱 향상된다는 것이 《우주님이 가르쳐준 운이 풀리는 말버릇》의 주제다. 자신의 생각이 선명해질수록, 자신의 의식과 잠재의식이 강력하게 연결될수록 '우주님의 목소리'는 명확하게 들리게 된다.

"우주님의 목소리를 들을 수 있는 비결은 무엇인가요?"라는 질문을 받으면 나는 가장 먼저 "우선 그 존재를 인정하십시오."라고 말한다. "독자 여러분의 내부에

존재하는 '진정한 나'의 목소리는 반드시 들리게 됩니다. 여러분의 우주는 정말로 존재하기 때문입니다. 그러한 전제를 가지고 모든 것을 생각해야 합니다."라고 말이다. '나는 절대로 들리지 않아!', '그런 일은 있을 수 없어.'라고 생각하는 사람이라면 반대로 그렇게까지 자신 있게 '절대로 들리지 않는다.'고 장담할 수 있는 문제인지 그 점을 먼저 의심해보기 바란다. 그렇게까지 강하게 부정할 수 있는 사람이라면 믿음 역시 그 정도로 강한 사람일 테니 일단 '그럴 수도 있지.' 하고 생각하기 시작하면 엄청난 기세로 아이디어가 끓어오르고 감각이 살아날 수 있다. 그 결과 "됐어. 이제 더 이상은 필요 없어!"라고 손을 내저을 정도로 우주님에게 끊임없는 자극과 도움을 받게 될 것이다.
《우주님이 가르쳐준 운이 풀리는 말버릇》은 우주님과 고이케를 중심으로 이야기가 전개되었지만 이 책에는 새로운 주인공 '히로미'와 그 파트너(라고 하지만 앞에서 설명했듯 그녀의 내부에 존재하는 진정한 그녀)인 '아기 우주님'이 등장한다. 히로미는 아직 자신의 우주가 갖고 있는 능력을 깨닫지 못하고 있다.
앞으로 그녀는 어떤 식으로 우주의 구조를 공부하고

말버릇을 바꾸어 인생을 역전시키게 될까. 그 과정에서 그녀 자신은 우주와 어떤 식으로 연결이 될까. 부디 이 이야기를 여러분도 함께 즐길 수 있기를 바란다.

《우주님이 가르쳐준 운이 풀리는 말버릇》에는 정말 많은 독자들이 관심과 애정을 보내주었고 감상평도 보내주었다. 독자들이 보내준 의문과 질문들이 시원하게 해소되기를 바라는 마음으로 집필한 이 책은 이른바 '고민 해결 편'이라 불러도 좋다!

실천 과정에서 어떤 의문이 끓어오르고 어떤 부분에서 좌절을 느낄까. 그것을 나 자신의 경험과 독자 여러분의 경험에서 찾아내어 이 책에 실었다.

또 《우주님이 가르쳐준 운이 풀리는 말버릇》을 다시 한번 되새기면서 열다섯 개의 '우주의 규칙'을 소개했다. '가장 알기 쉬운 소원 실현 교과서'라는 칭찬을 받았던 《우주님이 가르쳐준 운이 풀리는 말버릇》을 만화를 풍부하게 첨가하여 더욱 알기 쉽게 만들었다.

여러분의 의견을 바탕으로 탄생한 이 책 《우주님이 가르쳐준 운이 풀리는 말버릇》은 독자 여러분 덕분에 존재할 수 있었다. 나 또한 마찬가지다. 아, 프롤로그를 쓰고 있는데 눈물이 흐를 것 같다. 옆에서 출판사 편집자가 험악한 표정으로 "프롤로그부터 눈물을 흘리면 어떡해요. 눈물은 '마치고 나서'에서 흘려야지요."라고 핀잔을 주고 있다. 하하, 그럼 이쯤에서….

아, 책을 읽기 전에 한 가지만! 일단 이 문구를 새기고 가자.

"고이케가 할 수 있다면 나도 할 수 있다!"
'고이케이기에 가능했다.'가 아니라 '고이케가 할 수 있으니까 나도 할 수 있다.'는 것!
나는 이 말만 전하면 된다. 특별히 우수하지도 잘나지도 않은 내가 책을 통해서 전하고 싶은 말은 이것이다.
걱정하지 말자. 당신이 지금 어떤 상황에 놓여 있든 이 순간부터 얼마든지 인생을 다시 시작할 수 있다는 것을 믿자. 여러분은 언제든지 인생을 만회할 수 있다. 고이케가 할 수 있었으니까 여러분도 반드시 할 수 있다.

그럼《우주님이 가르쳐준 운이 풀리는 말버릇》을 읽어주신
여러분의 의견을 바탕으로 만든, 히로미와 함께하는
새로운《우주님이 가르쳐준 운이 풀리는 말버릇》을
시작해보자!

고이케 히로시

차례

024 프롤로그

1부 정말 불가사의한 우주의 규칙

039 **우주의 규칙 1**
말버릇은 '인생의 대전제'다!

046 **우주님의 스파르타 수업 1교시**

048 **우주님의 가르침을 인용한 보충 강의**
'말버릇'은 왜 중요할까? 반드시 입 밖으로 표현해야 할까?

057 **우주의 규칙 2**
인생의 난이도를 결정하는 건 자신이다!

064 **우주님의 스파르타 수업 2교시**

066 **우주님의 가르침을 인용한 보충 강의**

운명도 주문으로 바꿀 수 있을까?

075 **우주의 규칙 3**

'감사합니다'의 파워를 얕보지 마라!

082 **우주님의 스파르타 수업 3교시**

084 **우주님의 가르침을 인용한 보충 강의**
'감사합니다'를 어떤 마음으로 몇 번이나 말해야 할까?

091 **우주의 규칙 4**
일단 행동을 한다!

098 **우주님의 스파르타 수업 4교시**

100 **우주님의 가르침을 인용한 보충 강의**
행동을 했는데도 현실이 바뀌지 않는 이유는?

107 **우주의 규칙 5**
"그래! 소원이 이루어졌어!"라고 말한다

114 **우주님의 스파르타 수업 5교시**

116 **우주님의 가르침을 인용한 보충 강의**
주문을 했는데 최악의 결과가 나온다면?

125 **우주의 규칙 6**
드림 킬러가 나타나면 '시험당하는 것!'이라고 생각해야 한다

132 **우주님의 스파르타 수업 6교시**

134 **우주님의 가르침을 인용한 보충 강의**
드림 킬러 때문에 맥이 빠지는데…?

2부   우주는 극적인 전개를 좋아한다

143 **우주의 규칙 7**
우주 은행에 적금이 되는 '짤랑짤랑' 말버릇

150 **우주님의 스파르타 수업 7교시**

152 **우주님의 가르침을 인용한 보충 강의**
어떻게 해야 돈이 더 빨리 들어올까?

159 **우주의 규칙 8**
나도 상대방도 '모두가 나'라고 여긴다!

166 **우주님의 스파르타 수업 8교시**

168 **우주님의 가르침을 인용한 보충 강의**
'모든 것이 나'라는 건 어떤 의미일까?

171 **우주의 규칙 9**
필요한 능력은 '말버릇'을 통해 끊임없이 샘솟는다

178 **우주님의 스파르타 수업 9교시**

180 **우주님의 가르침을 인용한 보충 강의**
능력이 끝없이 샘솟는다는 말은 믿기 어려운데?

185 **우주의 규칙 10**
자신감을 가지면 인연이 찾아온다

192 **우주님의 스파르타 수업 10교시**

194 **우주님의 가르침을 인용한 보충 강의**
운명적인 상대를 주문해도 만날 수 없는 이유는?

201 **우주의 규칙 11**
돈을 원하면 돈이 있는 것처럼 행동한다!

208 **우주님의 스파르타 수업 11교시**

210 **우주님의 가르침을 인용한 보충 강의**
선불을 내고 나면 마음이 불안한데?

215 **우주의 규칙 12**
우주에 감사의 에너지를 보낸다

222 **우주님의 스파르타 수업 12교시**

224 **우주님의 가르침을 인용한 보충 강의**
신사에 가면 나도 모르게 소원부터 빌게 되는데

229 **우주의 규칙 13**
남자는 여자가 생각하는 것 이상으로 단순하다

236 **우주님의 스파르타 수업 13교시 <미도리의 스페셜 수업>**

238 **우주님의 가르침을 인용한 보충 강의**
남자에게 매달리고 집착하는 경향이 있는데?

243	**우주의 규칙 14**	
	먼저 자신이 행복해져야 한다	
250	**우주님의 스파르타 수업 14교시**	
252	**우주님의 가르침을 인용한 보충 강의**	
	엄마 때문에 행복해질 수 없다는 생각이 든다면?	
261	**우주의 규칙 15**	
	무슨 일이 있어도 한 치 앞은 '광명'이다!	
268	**우주님의 스파르타 수업 15교시**	
270	**우주님의 가르침을 인용한 보충 강의**	
	내게는 드라마틱한 전개가 펼쳐지지 않는데?	
273	마치고 나서	

정말
불가사의한
우주의 규칙

우주의 규칙 1

말버릇은 '인생의 대전제'다!

❶ 소원을 이루기 위한 세 가지 규칙을 마스터한다

규칙 1: 결과를 정하고 우주에 주문을 보낼 것
규칙 2: 우주로부터 오는 힌트는 0.5초 내에 파악하고
반드시 실행할 것
규칙 3: 말버릇을 긍정적으로 바꿀 것

❷ 세 가지 말버릇을 지금 당장 바꾼다

자학하는 말버릇, 어정쩡하게 바라는 말버릇, 꿈꾸는 듯한 말버릇을 긍정적인 말버릇, 즉 '완료형 말버릇'으로 바꿔야 한다. "세계 일주를 하고 싶어."가 아니라 "세계 일주를 했어."라는 식의 완료형으로 바꾼다. 그것이 그대로 우주에 보내는 '주문'이기 때문이다.

❸ '우주는 정당하다'는 말의 참뜻을 이해한다

우주에는 선악의 해석이 없다. 우주에 존재하는 것은 에너지를 증폭하는 구조뿐이다. 인간의 말은 그 선악의 판단이나 해석 없이 우주 공간에 증폭되어간다. 우주는 "말은 그렇게 하지만 사실은 그렇게 생각하지 않는 거야.", "이렇게 어려운 주문을 보낼 리가 없어."라는 식으로 해석을 하지 않는다. "알았어. 네가 그렇게 말했으니까." 하고 있는 그대로를 주문으로 받아들여 현실화한다. 그래서 '우주는 정당하다'는 것이다.

─── 우주님의 가르침을 인용한 보충 강의 ───

'말버릇'은 왜 중요할까? 반드시 입 밖으로 표현해야 할까?

● <u>자기도 모르는 사이에 입 밖으로 내뱉은 말이 현실을 만든다</u>

혹시 여러분은 자신의 말버릇이 어떤지 알고 있을까?

나의 말버릇은 여러분도 잘 알듯이 "감사합니다.", "사랑합니다."이지만 인생이 뜻대로 풀리지 않는다고 생각하는 사람은 무의식중에 자신에게 스스로 말버릇의 저주를 걸고 있다. 이른바 '자학적인 말버릇'이다.

나도 과거에는 그랬다. 돈을 모아 힘들게 옷 가게를 열었지만 손님이 오지 않아 파리만 날리는 상황. 그런 내가 틈이 날 때마다 중얼거렸던 말.

"아, 매출이 오르지 않아. 오늘도 하나도 안 팔렸어."

나도 모르는 사이에 그런 말의 주문(이것이야말로 주문이다)을 스스로 걸고 있다 보니 정말 팔리지 않았다. 어쩌면 내일 팔릴 수 있을지도 모르지만 이 말의 저주 때문에 좀처럼 잘 팔 수가 없었다.

말버릇은 왜 이렇게 중요할까? 그것은 말버릇에는 '자기 인생의 대전제'가 그대로 나타나 있기 때문이다. 사람은 자기도 모르는 사이에 전제를 내걸고 살아간다. 그리고 우주는 그 사람의 그 전제를 증명하려 한다. 우주의 모든 능력을 사용하여 전제를 실현하기 위해 움직인다. 이것이 우주의 구조다! 그렇기 때문에 인생의 전제가 "나는 안 돼."인지 "나는 할 수 있어."인지에 따라 삶이 달라지고 미래가 바뀌는 것이다.

평소에 "나는 안 돼."라는 말버릇이 있는 사람은 우주가 "나는 안 돼."를 증명하기 위해 전력을 기울여 그 전제를 현실화한다. 그 결과 "나는 안 돼."에 어울리는 나날이 계속 이어진다.

문제는 이 저주의 말버릇은 스스로 깨닫기가 참 어렵다는 점이다. 그리고 자신에게만이 아니라 다른 사람에게 하는 말버릇, 마음속으로 중얼거리는 말버릇도 모두 포함된다는 것이다.

백설공주 이야기에서 계모가 거울을 보며 "거울아, 거울아. 세상에서 누가 가장 예쁘니?"라고 질문을 던지는 것과 비슷하다. 처음에는 "당신이에요."라고 대답했던 거울이 이윽고 "백설공주요!"라고 대답한다. 그 대답을 용서할 수 없었던 계모는 백설공주에게 독이 든 빨간 사과를 먹이는데 그것은 계모의 마음속에 '나는 안 돼.'라는 생각이 존재했기 때문이다. '나는 (백설공주보다) 아름답지 않을지도 몰라.'라는 전제가 존재했기 때문인 것이다.

만약 계모가 거울에게 물어보지 않고 '나는 아름다워.', '나는 행복해.'라는 전제로 살았다면 백설공주의 아름다움에 질투를 하지도 않았을 것이고 다른 아름다운 사람과 비교하지도 않고 행복하게 살았을 것이다.

그렇기 때문에 지금, 일이 뜻대로 풀리지 않는다고 생각하는 사람은 우선 자신의 말버릇과 마음속에 깃들어 있는 생각이 무엇인지 확인해봐야 한다. 단, 앞에서도 설명했듯 스스로 발견하기는 어려우니까 친구에게 물어보는 것도 좋은 방법이다.

"너는 무슨 말을 할 때 일단 '하지만'이라는 말을 자주 쓰더라."

"너는 칭찬을 해줘도 부정만 하는 버릇이 있어."

그중에는 듣기 거북할 정도로 심각한 내용이 있을지도 모르지만 상처받거나 충격받지 말자. 자신의 말버릇을 '깨닫는' 것은 인생을 바꾸기 위한 첫걸음이다. 말버릇이야말로 우주로 보내는 주문이다.

● 명확하게 주문한다

독자 여러분이나 나의 세미나에 온 분들이 하는 질문에서 흔히 듣는 단어가 있다. 귀에 딱지가 앉을 정도로 자주 듣는 말, 그것은 '평범', '일반적'이라는 말이다. '그건 말버릇이 아니잖아.'라고 생각할 수도 있지만 나는 자주 사용하는 말은 모두 '말버릇'이라고 생각한다.

"일반적인 가정과 비슷하게 수입을 올렸으면 좋겠어."

"나는 그냥 욕심 없이 평범하게, 행복하게 살고 싶어."

'평범'이나 '일반적'이라는 말. 자기도 모르게 입 밖으로 튀어나오기 쉽지만 사실 이 단어들의 개념은 우주에 가장 전달되기 어렵다.

이건 커피숍에서 "뭔가를 마시고 싶습니다. 잘 부탁합니다!"라고 주문하는 것과 같다. 종업원은 당연히 "네? 메뉴를 보고 선택을 해주세요."라고 말할 것이다. 만약 나의 우주님 앞에서 이런 식으로 말을 한다면 틀림없이 부채로 얻어맞는다.

아, 우주님도 이렇게 말했다.

"이봐, 평범하다는 게 대체 뭐야? 욕심은 없는데 행복하게 살고 싶다는 말은 또 무슨 뜻이야? 뭘 어떻게 하고 싶은지 명확하게 말하지 않으면 이해할 수가 없잖아. 내가 대체 뭘 어떻게 해야 되는 거야? 지금 놀리는 거야 뭐야!"

우주님의 말투는 역시 자신감이 넘치고 당당하다.

주문은 명확해야 한다. 명확하지 않으면 필요한 힌트를 얻을 수 없기 때문에 원하는 것을 손에 넣을 수 없는 상황이 계속 이어진다. 명확한 주문을 말하지 않는 한 우주는 그 주문을 이해하지 못한다.

사람들이 '평범'한 주문이나 '보통'의 주문을 하는 이유는 자신의 바람을 명확하게 말로 표현하는 것에 정체를 알 수 없는 두려움을 느끼기 때문이다. "○○를 갖고 싶어."라고 진심으로 바란다면 우주는 그쪽으로 움직이고, 본인이 그에 걸맞게 행동하지 않으면 안 된다는 사실을 마음속으로는 누구나 알고 있다. 그리고 행동을 하면 그 책임이 자신에게 돌아온다는 사실도 알고 있기 때문에 두려워서 좀처럼 입 밖으로 표현하지 못한다.

　　"○○하고 싶어.", "○○라면 좋을 것 같아."라고 말로 표현하고 그 꿈을 그리는 것이 훨씬 편하고 실현해낼 가능성이 높은데, 현실적으로는 매우 위험한 주문을 매일 되풀이한다. 또 "○○하고 싶어(사실은 하고 싶지 않지만)."라고 주문을 보내기는 했지만 그 소원이 이루어지지 않는 경우에 "결국 이루어지지 않았어(사실은 이미 이럴 줄 알았어).", "역시 이루어지지 않네(그래. 내가 편한 쪽을 선택했으니까)."라고 말하면 '이루어지지 않는다'는 주문이 쌓인다.

　　살아 있는 한 지금 이루어지지 않았다 해서 '이루어지지 않았어!' 하고 단정할 수는 없다. 그런 단정은 죽는 순간에만 내릴 수 있다. 지금까지의 인생이 주마등처럼 스쳐 지나가는 죽는 순간에만 '이루어지지 않았어.'라고 단정을 내릴 수 있다. 물론 정말 이런 후회를 안고 세상을 뜬다면 최악의 인생이다.

"아, 내 인생은 정말 비참했어. 나는 하나도 이룬 게 없어. 그래. 이것도 저것도 그것도 모두. 아… 비참해. 나는 아무것도 이룬 것 없이 이렇게 가는 거야."

이런 식의 죽음은 누구도 원하지 않을 것이다. 나는 절대로 그런 식으로 죽고 싶지는 않다. 아직 살아만 있다면 어떤 상황에서도 인생을 되돌릴 수 있다. 2억 원의 빚을 지고 자살을 택할지, 파산을 택할지 갈림길에 놓였던 내가 하는 말이니까 믿어도 된다. 우주님은 그때의 내게 "아직 살아 있잖아! 그러니까 실행을 해봐!"라고 말했다.

무슨 일이 있든, 지금 어떤 상황이든 '그렇다면 지금 이 순간부터 무엇을 어떻게 해야 할까?'라고 생각하는 태도가 중요하다. 그리고 현재의 상황을 바꾸고 싶다면 명확한 주문을 보내야 한다!

덧붙여 '평범한 행복'은 세상의 인구 수만큼이나 다양하니까 '평범'이 아니라 정말로 원하는 행복이 무엇인지를 명확하게 말로 표현해서 주문을 해야 한다. 주문을 할 때 중요한 것은 완료형이어야 하며 '완료형 말버릇'을 갖추어야 한다는 것이다. 그렇게 하면 우주는 여러분의 '전제'를 실현하기 위해 최선을 다해 움직여준다.

살아만 있으면
모든 것을 되돌릴 수 있다!

우주의 규칙 2
인생의 난이도를
결정하는 건
자신이다!

❶ 인생은 영화 같은 것

인간의 일생은 한 편의 영화와 같다. 시나리오가 존재하며 그 마지막 장면을 향하여 달려가는 것이다. 그렇기 때문에 해피 엔딩을 그리면 반드시 해피 엔딩으로 끝난다. 따라서 영화 속 세상을 마음껏 즐겨야 한다. 힘든 상황에 맞서 헤쳐 나가는 주인공처럼 자신감을 가지고 살아야 한다.

❷ 자신의 영화를 스스로 감독하고 연출한다

인간이 지구로 온 이유는 우주에서는 할 수 없는 경험을 하기 위해서다. 생각만 하면 무엇이든 이루어지는 우주가 지루해서 과정을 즐길 수 있는 세상을 만들어냈는데 그것이 바로 지구다. 자신이 만드는 영화의 장르는 물론이고 어떤 캐릭터가 될 것인가 하는 것도 모두 스스로 결정하는 것이다.

❸ "그렇게 잘될 리가 없어."라는 말버릇은 금지

"영화처럼 잘될 리가 없어."라는 말을 하면 그것이 그대로 당신 영화의 시나리오가 된다. 게임으로 비유하자면 난이도를 가장 어렵게 설정하는 것과 같다. 스토리를 일부러 비극으로 만들 필요는 없다. 아무리 지구가 과정을 즐기는 장소라고 해도 그렇게까지 극단적으로 밑바닥을 경험할 필요는 없다.

―― 우주님의 가르침을 인용한 보충 강의 ――

운명도 주문으로 바꿀 수 있을까?

● **지금 눈앞에 펼쳐진 인생은 모두 자신의 주문이 만들어 낸 것**

 자신의 인생에 어떤 주문을 보낼 것인가. 그것은 본인이 평소 자주 쓰는 말버릇이 정한다. 우주님은 그렇게 가르쳐주었다. 기적이 일어나 행복해지는 영화를 보면서 자기도 모르게 "하지만 내 인생은 영화처럼 잘 풀려나갈 리가 없어."라고 중얼거린다면 우주님은 "무슨 소리! 인생은 영화 같은 거야!"라며 화를 낼 것이다.
 자신의 영화에 무슨 주문을 보낼 것인가. 당연히 해피 엔딩을 주문해서 운명을 바꾸고 싶지 않은가? 그런데 애당초 운명이라는 게 존재할까? 나도 벼랑 끝에 몰렸을 때 '주문'이라는 말을 몰랐을 때는 '내 운명은 도대체 어떻게 되는 걸까?'라는 생각을 했다.

그 후 내가 지금까지 우주님에게 들은 정보에 의하면 '숙명'이라고 말할 수 있는 커다란 의미에서의 운명은 정해져 있다. 구체적으로 말한다면 성별, 생일, 태어난 지역과 같은 것 말이다. 이것들은 태어난 이후에 주문을 해도 바꿀 수 없다.

하지만 그 밖의 것들은 모두 '자신이 원한다면' 바꿀 수 있다. 즉 어떤 주문을 보내는가에 따라 얼마든지 수정할 수 있다는 사실! 이렇게 말하면 "무슨 말씀이죠? 나는 이런 현실을 바란 적이 없어요.", "내가 원했던 인생은 이런 게 아니에요!"라고 말하고 싶은 분도 있을지 모르겠다. 하지만 현실은 모두 본인이 원해서 만들어진 결과물이다. 주변을 둘러보면 알 수 있다. 다른 말로 하면 '자신의 무의식이 믿는 것', '평소 자신의 말버릇'이 현실을 만들어낸다고 말할 수 있다.

● 점괘를 긍정적으로 받아들이면 행복해진다

　인생, 그리고 당신의 우주는 '당신이 선택할 수 있는 수만큼' 준비되어 있다. 선택할 수 있는 수만큼 다른 인생, 다른 현실이 기다린다. 나는 점에 대해서는 잘 모르지만 언젠가 점술사로부터 "마흔 후반부터 인생이 좋아질 겁니다."라는 말을 들은 적이 있다. 그 시절 나는 "난 반드시 행복해질 거야!", "반드시 빚을 모두 갚고 원하는 인생을 살 거야!"라는 주문을 보내고 있었기 때문에 그 말을 들었을 때 '역시 그렇게 되겠구나!' 하는 생각이 들었다. 그 말이 내 소원과 같았기 때문에 그 아이디어를 '받아들인' 것이다.

　그렇다, 점괘를 받아들일 것인가 받아들이지 않을 것인가는 본인의 선택에 달렸다. "당신은 크게 성공할 것입니다."라는 말을 듣고 "그래. 역시 나는 성공할 거야!"라고 말한다면 그 자체가 주문이고 "설마 그렇게 쉽게 성공할 수 있을 리가 없지."라고 말한다면 그 역시 주문이다. 둘 다 본인이 보낸 주문인 것이다.

　결혼이나 인간관계도 마찬가지다. 어떤 문제가 발생했을 때 "그래. 이 사람과는 관계가 좋아질 수 없어.", "이 사람과는 인연이 없어."라는 식으로 부정적으로 받아들인다면 그것이 주문이 된다.

자신의 우주에서 생기는 모든 일들은 점괘로 정해지지 않는다. 선택할 권리는 본인에게 있다는 사실을 잊지 말고 결단을 내리고 행동하는 게 중요하다. 결국 모든 것은 본인 스스로 결정하는 것이니까. '선택할 권리는 내게 있어.'라는 전제로 결단을 내린다는 것은 다시 말하면 '(선택한) 모든 책임은 본인(나)이 진다.'는 전제에서 살아가는 것이다.

인생의 재미와 즐거움은 역시 여기에 있다.

우리는 '모든 책임은 내게 있다', '모든 결과는 내가 책임진다'는 전제 안에서 인생을 경험해야 한다. 그것이 인간이다. 그것이 우리가 지구로 온 이유이며 '나의 내부에 존재하는 진정한 나'가 원하는 인생이다. 덧붙여 앞의 이야기에서 만약 점술가가 "당신은 앞으로 성공할 수 없습니다!", "당신은 파산하는 수밖에 없습니다!"라고 말했다면, 나는 그것을 받아들이지 않았을 것이다. 그 말을 믿고 안 믿고는 나의 문제이기 때문이다. 모든 결과는 내가 책임진다는 전제 아래에서 살고 있기 때문이다. 자신의 인생이 시작되는 순간이란 어쩌면 "나의 인생을 조종하는 키는 어느 누구에게도 넘겨줄 수 없어! 내가 직접 조종할 거야!"라고 결심하는 순간인지도 모르겠다.

● 상상할 수 있다면 현실로 만들 수 있다

'완료형으로 주문한다'는 말은 어젯밤의 저녁 식사 음식을 기억해내듯 자신의 미래를 명확하게 이미지화한다는 뜻이다. 명확하게 상상할 수 있다는 말은 우주에는 이미 그 현실이 존재한다는 뜻이다. 실현 불가능한 것은 상상 역시 할 수 없다. 그렇기 때문에 아무리 터무니없는 바람이라고 해도 상상할 수 있는 한 현실화할 수 있다. 그렇다. 언뜻 도저히 이루어지지 않을 것 같은 바람이라고 해도 그렇다.

당신이 상상할 수 있는 것은 우주에 이미 현실로 존재한다. 예를 들어 내가 아이돌 그룹을 동경한다고(아, 어디까지나 예로 드는 것이다!) 하자. 그리고 내가 어떤 아이돌 그룹에 들어가 있는 모습을 명확하게 그릴 수 있다고 하자. 옆에서 보면 "무슨 소리야. 아저씨가 어떻게 아이돌 그룹에 들어가?"라고 할지도 모른다.

하지만! 이 바람도 명확하게 그릴 수만 있다면 현실화할 수 있다. 내가 그 아이돌 그룹의 댄스를 완벽하게 소화할 수 있도록 열심히 연습해서 영상으로 만들어 유튜브에 올렸다고 하자. 너무 완벽해서 신기한 아저씨가 있다고 화제가 되어 정보 프로그램에서 다루어지고 그 아이돌 그룹의

간판 프로그램에서 불러줄 수도 있다. 그 프로그램에서 아이돌 그룹과 함께 춤을 추고 그 멤버들에게 "아저씨는 우리의 여덟 번째 멤버예요!"라는 말을 듣는다면 결국 꿈을 이룬 것이 아닐까.

실제로 어떤 제과 회사의 기획으로 30대 후반의 주부가 오디션을 거쳐 일정한 기간 동안 아이돌 그룹의 멤버가 되는 기적을 펼쳐 보인 적도 있었다. 따라서 무조건 "나이가 있으니까 아이돌은 될 수가 없다."고 말하는 것은 사실이 아니다.

내가 우연히 AKB48(일본의 슈퍼 아이돌 그룹)의 멤버가 되는 세상도 우주에는 분명히 존재한다. 물론 나는 그런 바람은 없지만. 우주 여행도 우주 비행사는 될 수 없을지라도 억만장자가 되면 얼마든지 가능하다. 이미 민간인을 대상으로 그런 서비스가 시작되었다.

● <u>인간이 할 수 있는 것은 결과를 정하는 것뿐</u>

상상할 수 있는 건 모두 실현할 수 있다면 이것도 하고 싶고, 저것도 하고 싶다는 생각이 떠오를 것이다. 더구나 우주님의 말에 의하면 인간이 할 수 있는 것은 결과를 정하는 것뿐이라고 한다. 어떤 식으로 실현할 것인지, 그렇게 되려면 이렇게 해야 한다든지 하는, 현실화하기까지의 방법이나 수단은 일단 제쳐두라는 것이다.

우주님이 그렇게 말하는 이유는 지구로 온 지 수십 년밖에 되지 않는 우리보다 우주가 현실화시키는 방법을 훨씬 더 잘 알고 있기 때문이다. 우주에는 무한대의 예지가 있으며 바람이 이루어지는 방법 또한 무한하다.

사고가 발달해 있는 인간은 자기도 모르게 스스로 생각하려 하지만 이는 매우 어리석은 행동이다. 나도 전에 스스로 생각하려 했다가 우주님에게 야단을 맞은 적이 있다. "138억 년이나 지속되어온 우주의 역사와 불과 40여 년에 지나지 않는 너의 역사에서 얻은 정보의 양을 동일시하려는 거냐!"라고.

생각해보면 맞는 말이다.

우리가 골머리를 앓으며 생각하는 것보다 주문을 보낸 뒤에 '자동 조정'에 맡기는 쪽이 훨씬 낫다. 꿈이 이루어지기까지의 여정은 우주가 정해줄 테니까 우리가 굳이 보잘것없는 머리로 그 여정까지 생각할 필요는 없다. 중요한 것은 '결과를 정하는 것', 정말 그것뿐이다.

영화의 주인공이 되었다는 생각으로 자신에게 이상적인

인생의 모습을 미리 생각해보자. 그리고 영화에서 사용하는 것처럼 선전 문구를 생각해보자. '평범한 샐러리맨이 갑자기 창업을 해서 억만장자가 되는 이야기'라든지 '주부가 갑자기 플라워 아티스트가 되어 카페를 개업하는 이야기'라는 식으로 카피를 생각하고 입 밖으로 표현하면 그것은 그대로 우주에 보내는 주문이 된다.

상상할 수 있는 모든 것은
우주가 현실로 만들어준다

우주의 규칙 3
'감사합니다'의 파워를 얕보지 마라!

"5만 번? 그렇게나 많이요?"

"왜? 어차피 한가하잖아?" "하는 일도 없잖아."

엉엉.

"또 가슴 아픈 부분을…."

"아, 너희들 정말 짜증 난다!"

"군소리 말고 일단 해봐!"

"'감사합니다'라고 생각할 수가 없는데 어떤 마음으로 해야 되는 거예요?" "대체 뭐에 감사하라는 말인지…."

"뭐에 감사해야 할지 그런 건 생각 하지 마." "이유 따위는 생각하지 않아도 되니 일단 그렇게 말해!"

아, 깨끗하게 정리하니까 기분이 상쾌해.

계속 마음에 걸렸는데.

감사합니다!

응?

이용해 주셔서 감사합니다!

도시락

아!

감사합니다

지하철역은 이쪽으로 가시면 돼요.

네, 감사합니다.

이거 떨어뜨렸어요.

아, 감사합니다.

"감사합니다." 라는 말이 세상에 이렇게 넘치고 있었다니.

보글

보글

오늘 저녁도 맛있게 먹을 수 있게 해주셔서

감사합니다!

❶ 인간의 의식은 우주와 연결되어 있다

현재 의식이라는 것이 있다. 평소에 인간이 자신의 작은 사고 회로를 이용해서 생각하는 의식이다. 그리고 그 가장 아래쪽에 있는 잠재의식에는 현재 의식의 6만 배나 되는 파워가 있는데 여기에 축적되어 있는 '인생의 전제'가 우주로 보내는 주문이다.

❷ 좁아져 있는 우주 파이프를 깨끗하게 청소한다

오랜 세월 자신에 대해 부정적인 말을 하다 보면 우주로 주문을 전달하는 우주 파이프가 막혀 좁아지면서 주문이 우주에 제대로 전달되지 않는다. 이 파이프를 깨끗하게 만드는 방법은 지금까지 중얼거렸던 부정적인 말만큼 '감사합니다'라는 말을 하는 것이다.

❸ 잠재의식의 파워를 최대한 활용한다

우주 파이프가 깨끗해지면 우주에 보내는 주문이 무리 없이 전달되고 우주가 보내주는 힌트도 부드럽게 전달된다. 그 결과, 소원이 빨리 현실화되고 소원이 이루어졌다는 것도 실감할 수 있다. '감사합니다'를 얕보아서는 안 된다.

― 우주님의 가르침을 인용한 보충 강의 ―

'감사합니다'를
어떤 마음으로 몇 번이나
말해야 할까?

● **이유가 있건 없건 일단 말로 표현한다**

"'감사합니다'를 말하라고 하지만 전혀 감사한 마음이 들지 않는데 어떻게 해야 합니까?"

"5만 번을 말했지만 아무 일도 일어나지 않았습니다."

가장 파워가 있는 '감사합니다'의 강력한 효과와 효용에 관해서는 굳이 내가 말할 필요도 없이 예나 지금이나 많은 사람들이 강조해왔다.

나 역시 『우주님이 가르쳐준 운이 풀리는 말버릇』에서 이 '감사합니다'라는 말의 효과를 자세히 설명했다. 덕분에

이 '감사합니다'라는 말버릇에 관하여 수많은 의견과 감상을 받았다. 그중에는 "지금까지 그 이유를 몰랐는데 이제는 이해할 수 있게 되었다.", "'감사합니다'라는 말이 왜 효과가 있는지 가장 이해하기 쉽게 설명한 책이다."라고 말해주는 분도 많아서 내 나름대로 해석한 내용이 잘 전달된 것 같아 감사하게 생각한다.

'감사합니다'라는 말은 그 말을 하는 것만으로 어이가 없을 정도로 간단히 인생이 바뀌는 마법 같은 말버릇인 만큼 어떤 식으로 해야 좋을지 당황하는 분들도 많이 있는 듯하다.

'감사합니다'라는 말을 할 때 중요한 것은 어떤 마음으로 그 말을 하는가… 가 아니다. 정말 감사한 마음이 들지 않더라도 상관없다. 중요한 것은 '감사합니다'라고 말하는 행동 자체다. 고민을 한다는 것은 행동하고 있지 않다는 것이다. 행동하지 않기 때문에 고민하는 것이고 행동할 수 없기 때문에 고민을 한다. 말을 하는 것도 행동이다.

그렇기 때문에 '감사합니다'를 시작하면 그 사람은 이미 바뀌기 시작한다. 한편 "감사한 생각이 들지 않는데 '감사합니다'라고 말해도 되는 걸까?"라거나 "5만 번을 말했지만 아무 일도 일어나지 않았다."라는 식으로 불안감이 싹트는 이유는 인간은 바뀌기를 원하지 않는 생물이기 때문이다!

'응? 무슨 말이야! 바뀌고 싶어서 노력하는 건데 바뀌기를 원하지 않는다니!'

이렇게 생각할 수도 있다. 이해한다. 충분히 이해한다. 하지만 인간은 익숙해진 상황을 '편안하고 안전한 장소'라고 인식한다. 돈도 많고 정말 행복한 자신을 떠올리는 것만으로 '아냐, 나는 그런 사람이 될 수 없어.'라거나 '왠지 모르게 무서워.'라는 느낌이 든다면 그것은 '나를 안전한 장소에서 벗어나게 하지 마.', '나는 이곳을 벗어나면 위험해질 거야.'라는, 현재 상황이 바뀌는 것을 두려워하는 브레이크가 작용하고 있다는 것이다.

● **말버릇이 잠재의식을 정화한다**

지금 당신의 환경은 과거의 주문이 100% 현실화된 모습이다.

과거의 주문은 유아기까지 거슬러 올라간다.

괴롭힘을 당한 경험이 있는 사람은 "가능하면 눈에 띄지 않고 싶어."라는 주문을 보냈을 수도 있고 "나는 무슨 일을 해도 결국은 안 돼."라는 주문을 보냈을 수도 있다. 엄격한 부모님 밑에서 자란 사람은 "나는 부모님의 기대에 부응할 수 없어.", "나는 어머니를 기쁘게 할 수 없어."라는 주문을 냈을 수도 있다.

그런 사람은 아마 이 책의 주인공 히로미처럼 지금까지 정말 수없이 "나는 안 돼."라는 주문을 보냈을 것이다.

하지만 그것은 당시에 살아남기 위한 지혜였다. 그 강력한 주문이 우주에 전달되어 살아가는 전제가 되어 있었던 것이다. 따라서 지금까지의 삶이 잘못된 것도, 하물며 당신이 잘못한 것도 아니다.

나는 이렇게 말하고 싶다.

"안 된다는 말은 더 이상 하지 마세요. 그것도 주문입니다."

어린 시절의 전제 대부분은 커다란 착각이다. 어린아이는 지금 존재하는 장소에서 벗어날 수 있는 방법을 모른다. 가정환경이 열악해도 그 장소에서 어떻게 살아남아야 할지를 생각하는 것까지가 한계다. 어떻게든 살아남아야 하니까. 어린 시절의 주문은 당신이 살아남기 위한 최선의 방책이었다. 그렇기 때문에 후회할 필요는 전혀 없다. 단, 이제는 그런 과거의 자신에게 '감사합니다'라는 말을 전하고 새로운 인생을 시작하는 문을 열어야 한다.

'감사합니다'라는 말은 정화를 시켜주는 말이다. 머리로 이런저런 생각을 하지 않더라도 단지 '감사합니다'라고 말하는 것만으로 마음은 정화되기 시작한다.

마음… 즉, 우주와 마음이 연결되는 부분, 잠재의식을 정화하는 것이다. 그렇게 하면 자신의 인생을 어떻게 살아갈 것인가 하는 '마음의 전제'가 만들어진다.

잠재의식은 자신의 우주와 연결되어 현실을 만들어낸다. 그렇기 때문에 잠재의식을 바꾸면 현실이 바뀐다.

그 강력한 힘은 평소 사고의 6만 배나 되는 파워가 있다. 우리가 아무리 "진지하게 생각해서 인생을 바꾸겠다."라고 하며 발버둥 쳐도, 또는 눈물을 흘리며 우주에 소원을 빌어도 단순히 바라기만 해서는 원하는 결과를 얻을 수 없다. 당연하다.

하지만 '감사합니다'를 계속 말로 표현하면, 즉 '감사합니다'라는 주문을 계속 보낸다면 우주는 그 말의 파동을 그대로 받아들여 증폭해주기 때문에 자연스럽게 '감사합니다'라고 말할 수 있는 현상이 발생하기 시작한다.

단, 마음가짐에서 한 가지 주의할 점이 있다. 그것은 '5만 번을 말했지만 바뀐 것이 없어.', '5만 번을 말했지만 '바뀐 게 없다고 고이케에게 말해야지.'라는 마음은 갖지 말아야 한다는 것이다.

내게 "5만 번을 말했지만 바뀐 건 아무것도 없습니다!"라고 말해도 나는 "아, 그렇습니까. 축하드려요."라고 말할 수밖에 없다. 왜냐하면 그 사람의 주문인 "5만 번을 말했지만 '바뀐 것이 없다'고 고이케에게 말해야지."라는 주문이 멋지게 이루어진 것이니까.

따라서 의심이 들 때, 감사한 생각이 들지 않아 '감사합니다'라는 말을 하기가 망설여질 때에는 오히려 '이유는 중요하지 않아. 일단 해보는 거야.'라는 생각으로 실천해야 한다. 우주님은 분명히 이렇게 말할 것이다.

"일단 해보고 나서 불평을 하란 말이야!"

'인생이 정체되어 있을 때'는 대부분의 경우 '행동하지 않을 때'다. 일단 '행동'을 해야 한다. 행동한 사람에게만 보이는 세상이 분명히 존재하니까.

우선,
자신의 말버릇을 확인하자!

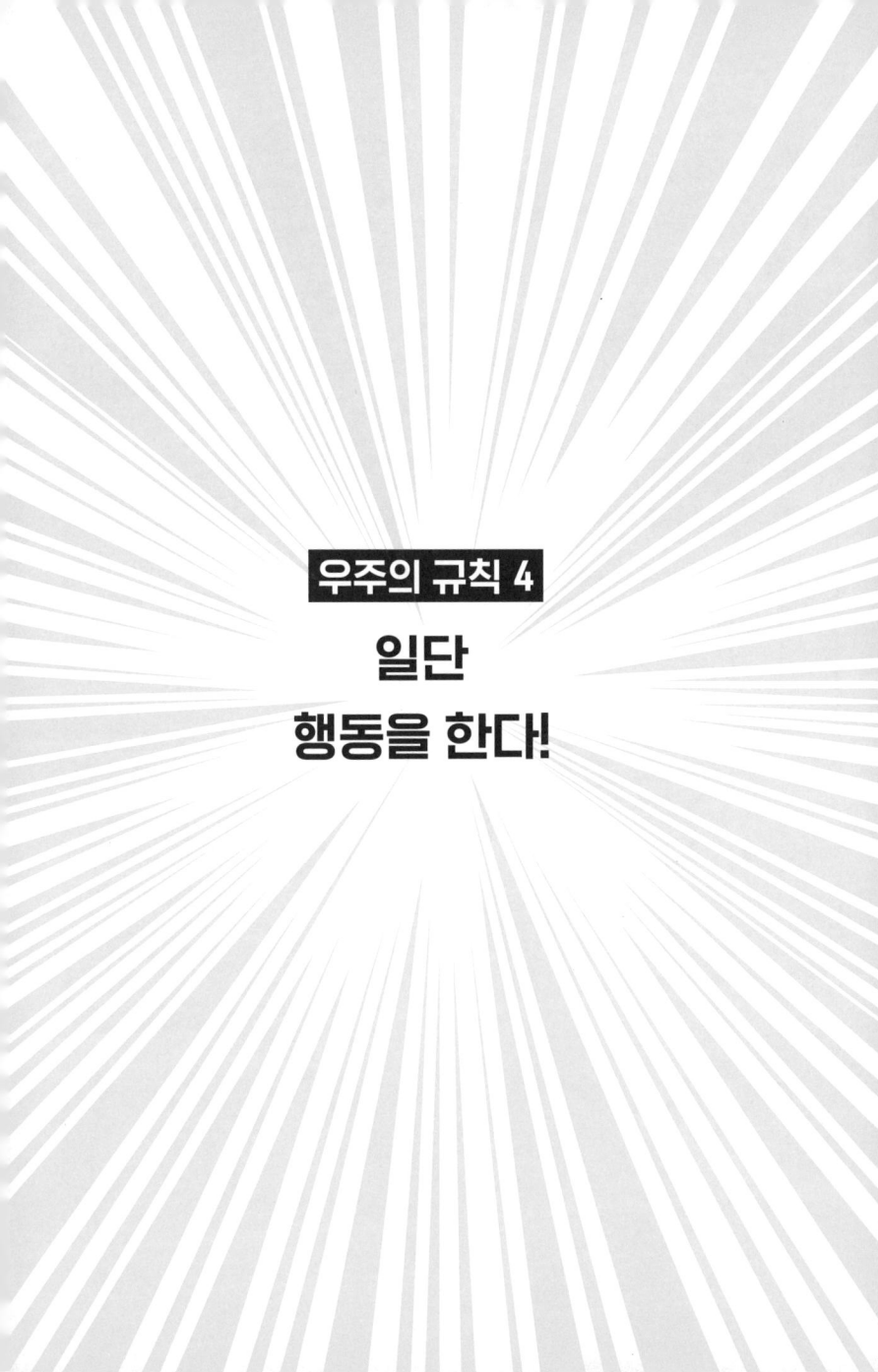

우주의 규칙 4

일단 행동을 한다!

할머 니…

할머니가 기르는 꽃이 마당 가득 피어 있었고 할머니는 꽃들의 이름을 가르쳐주셨지.

그러고 보니 나는 할머니 밑에서 자랐는데 센다이의 할머니 댁이 좋았어.

그건 그렇고 나는 왜 도쿄에 있는 거지?

퉁칫

엄마와의 관계가 나빠서 빨리 집을 나오고 싶었어. 도쿄에서 멋지게 성공해서 엄마를 깜짝 놀라게 해주고 싶었어. 학자금 대출을 받아 대학에 들어가서 IT 분야를 공부한 뒤 악덕 기업에 다니면서 잠도 제대로 못 자면서 열심히 일해서 대출금은 모두 갚았지만 30대 중반에 만난 남자에게 돈을 모두 쏟아붓고….

과거를 돌아보고서 다시 판단 하는 건.

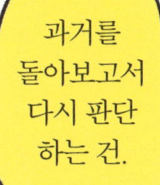

단순한 복수야.

❶ 지구는 행동을 할 수 있기 때문에 재미있다

우주에는 원래 시간의 개념이 없다. 카레를 먹고 싶다고 생각한 순간 이미 카레는 눈앞에 놓여 있고 하와이에 가고 싶다고 생각한 순간 몸은 하와이에 가 있다. 하지만 그건 너무 재미없는 삶이라고 우주는 생각했다. 그래서 지구와 인간을 만들어 행동과 과정을 즐길 수 있도록 했고 그것을 체험하고 싶어 하는 인간들이 우주에서 지구로 찾아와 마음껏 즐기고 있다. 여러분도 그들 중 한 명이다.

❷ **머리로 생각하지 말고 일단 행동을 한다!**

이렇게 공들여서 행동과 과정을 즐길 수 있는 장소를 마련했는데 인간은 모든 것을 머리로 생각하고 '잘되려면 어떻게 해야 할까?'라거나 '잘되지 않으면 어떡하지?'라는 생각만 하다가 결국 하나도 실천을 못하는 경우가 많다.

❸ **'힌트를 모르겠다'는 변명은 하지 않는다**

"어떤 것이 우주로부터 온 힌트이고 어떤 것이 나의 생각인지 알 수가 없어요."라고 말하는 사람들이 있는데 그것은 전부 '행동하지 않기 위한 변명'일 뿐이다. 일단 행동을 해야 한다. 만약 그 행동이 잘못된 것이라면 "아, 이건 아냐. 다른 방식으로 해보자." 하며 되풀이하면 된다. 행동과 결과를 반복해서 경험을 쌓아야 비로소 "아, 이게 힌트였구나." 하고 힌트를 알아차리는 감각을 갖출 수 있다. 그렇기 때문에 일단 행동하는 것이 중요하다. 지금 당장!

───── 우주님의 가르침을 인용한 보충 강의 ─────

행동을 했는데도 현실이 바뀌지 않는 이유는?

● **진정한 주문이라면 행동하고 싶어 견디지 못할 것이다**

"행동을 했지만 현실은 여전히 바뀌지 않았어."

나도 그런 시기가 있었다. 《우주님이 가르쳐준 운이 풀리는 말버릇》에도 소개했지만, 나의 경우 옷을 좋아하기는 했지만 장사를 좋아한다거나 비즈니스적으로 성공하기 위한 노력이 부족했다.

좋아하는 것은 소중하게 여겼지만 '마음에 들지는 않지만 해야 할 일'은 소중히 여기지 않았던 것인지도 모른다.

지금 생각해보면 당시에 정말 해야 했던 일은 확실한 금전 계산, 자금 운용이나 은행 업무, 그리고 경영에 밝은 사람과의 상담, 장기적인 사업 계획 세우기, 그리고 사업 운영에 관한 정보 수집과 공부… 였다는 생각에 쓴웃음이 난다.

좋아하는 옷을 팔 수 있는 의류점을 열어 성공하기 위해서는 경영자로서의 자각과 책임 있는 의식이 필요했는데 그때의 나는 '난 옷을 좋아해! 이렇게 옷을 좋아하니까 옷 가게를 하면 분명 잘될 거야.'라는 식으로 막연한 기대만 가지고 있었다.

우주에서는 "그렇다면 전문가에게 돈을 주고 부탁해서 사업 계획과 방향을 어떻게 잡아야 하는지 공부를 해."라거나 "지금 당장 시작하지 말고 일단 2천만 원 정도의 자금을 모아봐!"라거나 "좋아하는 일을 하기 위해 좀 더 노력해봐."라는 식으로 소중한 힌트를 많이 보냈을 테지만 그것을 무시하고 '그래. 내가 좋아하는 일을 하는 거야!' 하며 기대감만 부풀어 있었던 것이다.

그리고 그 기대는 결국 최악의 결과를 만들었다. 무슨 생각을 했는지 단순한 의류점이 아니라 나만의 오리지널 브랜드를 고집했고 가죽 제품도 내가 직접 바느질을 해 만들어가며 운영했다.

나중에 많은 사람에게 "그건 자살행위야."라는 비난의

목소리를 들었다. 당시 나는 목표를 이루기 위한 진정한 노력은 제쳐두고 재미만을 추구하며 "이제 내 가게를 가졌어! 나만의 브랜드를 만들 거야!" 하며 마음만 들떠 있었다. 상품이 왜 팔리지 않는지 나만 모르고 있던 것이다.

그 결과 경제적으로 벼랑 끝에 몰린 뒤에야 비로소 그 사실을 깨닫게 되었다. 다만 늦게라도 깨달을 수 있었기 때문에 "우주에서 보내주는 힌트는 무엇이든 실행한다!"는 각오를 다질 수 있었다.

우주에 주문을 보내는 방법을 배우고 싶어 하는 사람들 중에는 '하기 싫은 건 안 할 거야.', '즐겁고 행복해지고 싶어.', '나는 바뀌고 싶지 않아. 하지만 행복해지고는 싶어.' 라는 생각을 하는 사람도 많을 것이다.

하. 지. 만!

이것은 달콤한 꿈이다… 아니, 막연히 행복해지고 싶다는 생각만 가지면 행복이 주어진다면 인생이라는 게임의 난이도가 너무 낮아서 재미를 느끼기가 어렵다. 그래서는 영혼이 재미를 맛보지 못한다는 것이다! 결국 인생이라는 영화에도 이벤트, 즉 곤란한 문제라는 대항해야 할 적군이 필요하다.

생각해보자. 아무런 변화 없이 툇마루에 할머니가 앉아

있는 모습만 비추는 두 시간짜리 영화를 본다거나 적군이 하나도 없는 롤플레잉 게임이 재미가 있을까? "좋아하는 일을 할 거야!"에는 '나는 좋아하는 일을 하기 위해 필요한(마음에는 들지 않는) 노력도 할 각오가 돼 있어.'라는 마음가짐이 필요하다. 나도 이런 것들이 필요하다고 깨달은 순간부터 일이 조금씩 풀리기 시작했다.

하지만 여기서 다시 한번 강조하고 싶은 중요한 건, '고이케는 분명히 한 걸음 내디뎠다. 0을 1로 만들었다'는 것이다. 그리고 '좋아하는 일', '하고 싶은 일'과 '좋아하는 일을 하기 위해 필요한 노력도 행할 마음을 먹고 그것들을 행동으로 옮겼다'는 것이다.

만약 당신이 우주에 주문을 보낸 뒤에 '도저히 힌트를 따라 움직일 수 없어.'라는 생각이 든다면 그 주문 자체가 자신이 진정으로 원하는 주문이 아니라 '현실에서 도피하기 위한' 주문일 가능성도 있다. 진정으로 원하는 주문은 생각하는 것만으로도 가슴이 설레고 흥분이 된다. 그런 느낌이 들어야 진정으로 원하는 주문이다.

● 주문은 얼마든지 가능하다. 하지만 '행동'은 필수다

덧붙여, 우주에는 동시에 여러 개의 주문도 보낼 수 있다. 단, 지금까지 여러 번 설명했듯 주문을 이루려면 역시 행동을 해야 한다. 지구는 행동을 하는 별이다.

우리는 영화나 롤플레잉 게임의 주인공처럼 소원을 이루기 위한 '행동 자체'를 즐기고 있는 것이다. 그 동안에 발생하는 드라마틱한 사건들을 체험하면서 우주가 보내오는 힌트를 하나하나 완성해나가는 것이다.

"이봐. 고이케, 꽤 재미있는 일을 하고 있는데."

"경험이 점점 늘고 있어."

나의 우주님은 매일 이런 식으로 놀렸지만 나의 행동과 드라마틱한 우주가 만들어내는 연출을 누구보다 즐긴 쪽은 우주님이다. 우주님은 다양한 이벤트나 드라마틱한 전개 이후에 손에 쥐여지는 기쁨을 마음껏 맛보고 싶어 한다. 그것을 자신의 공적으로 삼고 싶어 한다.

현실은 '만들어내는 것'이다. 다른 사람의 손을 빌리지 않고 스스로의 손으로! 시행착오를 거듭하면서! 우리의 영혼은 그야말로 그 과정을 마음껏 즐기고 싶어 한다.

"고이케가 우왕좌왕하는 모습을 보니까 정말 재미있어."

이런 식으로 우주는 그런 우리의 모습을 보고 즐기고 싶어 한다.

행동을 능가하는 마법은 없다

우주의 규칙 5

"그래! 소원이 이루어졌어!" 라고 말한다

❶ 주문을 하면 우주가 움직인다

우주에 주문을 보내면 '우연히 첫사랑을 만나 사랑을 시작했다'거나 '새로운 프로젝트 팀의 팀원으로 발탁되었다'는 식으로 행운이 일어나는 일도 있고 '갑자기 회사에서 쫓겨났다'거나 '남자 친구가 바람을 피웠다'는 식으로 불행한 일이 일어나기도 한다. 양쪽 모두 주문을 보냈기 때문에 우주가 움직여서 나타나는 결과다. 우주에는 지혜나 방법이 무한대로 존재한다는 사실을 잊지 말자. 그에 비하면 인간이 기껏해야 수십 년 동안 살아온 경험을 바탕으로 하는 생각은 도저히 상대가 안 된다. 우주에 주문을 보내면 나머지는 모두 우주가 조종하고 만들어낸다. 쓸데없는 생각을 할 한가한 시간이 있다면 일단 힌트를 따라 행동하는 것이 바람직하다.

❷ 이전의 주문도 계속 이루어지고 있기 때문에 '시간차'가 생긴다

지금까지의 부정적인 말버릇들은 모두 당신이 우주에 보낸 주문이다. 음식점에서 먼저 돈가스를 주문하고 나중에 메밀국수를 주문했다면 당연히 돈가스가 먼저 나온다. 돈가스와 메밀국수가 나오는 시기는 당신의 우주나 잠재의식이 새로운 주문을 받고 현실에 반영하기 위해 조정하는 기간이다. 여기서 "역시 이루어지지 않아."라는 말은 절대로 하지 말고 일단 돈가스부터 먹고 메밀국수가 나오기를 기다려야 한다.

―――― 우주님의 가르침을 인용한 보충 강의 ――――

주문을 했는데 최악의 결과가 나온다면?

● **주문을 한 뒤에 발생하는 모든 일은 주문이 실현되는 것과 관계가 있다**

　명확한 주문을 보낸 순간 회사에서 쫓겨나거나 애인과 헤어지는 등 최악의 결과만 나타났다는 사람도 있다. 하지만 이것은 흔히 있는 현상이니 당황하지 말아야 한다.
　우주는 당신의 진심이 깃든 주문을 실현하기 위해 이미 움직이고 있으며 주문한 뒤에 발생하는 모든 결과는 주문을 실현하기 위해 발생하는 일들이다.
　"그 회사에서는 연봉이 10억까지 올라가는 건 절대 불가능해."

"지금 그 사람과는 행복한 결혼을 할 수가 없어."

그럴 때 우주님은 당신의 감정이나 불안한 심정은 전혀 감안하지 않고 강력한 파워를 발휘해서 주문을 실현할 수 있는 쪽으로 움직인다. 처음에는 깜짝 놀랄 것이다. 왜 나쁜 결과가 나오는지 의문이 들 것이다.

하지만 지금부터가 중요하다. 여기서 '아, 최악이야. 이제 우주 따위는 믿지 않을 거야.'라는 생각을 한다면 어떻게 될까? 주문이 취소되는 것만으로 끝나지 않는다. "이제 우주 따위는 믿지 않아."라는 주문이 통하게 되어 우주는 '믿을 수 없다'는 그 주문을 실현하기 위해 움직이고, 정말로 최악의 결과가 나타난다.

그렇다. 인생을 호전시키기 위해 발생하는 최악의 상황들과 최악의 주문을 실현하기 위해 발생하는 최악의 상황은 언뜻 비슷해 보이지만 전혀 다르다.

그렇기 때문에 주문을 보낸 뒤에는 무슨 일이 일어나든 "됐어! 이제 소원이 이루어졌어!"라고 말해야 한다. 처음에는 마음속에 '전혀 이루어지지 않아.' 하는 생각이 떠오를 수 있지만 그래도 "됐어. 이제 소원이 이루어졌어."라고 말해야 한다. 그렇게 말하면 정말 소원이 이루어진 것 같은 기분이 든다.

전에 내게 상담을 하러 온 손님의 이야기를 해보려 한다. 그분은 20대 여성으로 '행복한 결혼을 하고 싶다'는 주문을 보냈지만 당시에 기혼 남성과 만나고 있었다. 스무 살 때 가벼운 만남으로 시작했는데 문득 정신을 차려보니 이미 서른두 살이 되었고 "아이도 가지고 싶고 새로운 사랑을 하고 싶은데 미련이 남아서 나도 모르게 연락을 하게 돼요. 그 사람 부인에게는 미안한 생각이 들지만 들키지는 않은 채 질질 끌다 보니 여기까지 왔네요."라고 말하기에 나는 이렇게 대답해주었다.

"다른 사람들이 그 사실을 모른다고 해도 당신이 알고 있다면 당신의 우주도 당연히 알고 있습니다. 그러니 꺼림칙한 행동은 하지 않는 게 좋습니다. 그런 생각은 우주의 힘에 의해 증폭되니까요."

그 말을 듣고 그녀는 뭔가 깨달은 듯했다. 그리고 얼마 후, 그녀는 임신을 하게 되었고 그 사실을 안 남자는 그녀를 떠났다. 그녀는 한동안 충격으로 우울증에 빠져 있었지만 "그래도 꺼림칙한 기분은 사라졌으니 한편으로는 안도감이 느껴졌어요."라고 말했다. 마음의 상처가 치유됨에 따라 그때까지 옳지 않은 사랑밖에 볼 수 없었던 그녀는 자신이 원래부터 하고 싶었던 꿈을 발견했다. 요가 지도자가 되기 위해 혼자 뉴욕으로 건너가 유학을 한 뒤 귀국하여 그곳에서 만난 멋진 외국인 남자와 결혼을 했고 지금은 뉴욕에서 요가 지도자로 활동하고 있다. 지금 그녀는 당연히 "우주님 최고!"라고 말한다.

그렇다. 주문을 보낸 뒤에 발생하는 최악의 사태는 나중에 돌아보면 반드시 커다란 전환기가 된 최고의 사건이며 당신의 영화를 장식하는 멋진 에피소드다. 나이 든 사람에게 "당신의 인생에서 일어난 사건들을 얘기해주세요."라고 하면 대부분 기뻤던 일이나 즐거웠던 일이 아닌 고통스러웠던 일, 참고 견뎌냈던 일들을 이야기하는데, 이것은 지구로 놀러 온 우리가 주문이 이루어지는 과정을 즐기고 있다는 반증이다. '모든 것은 주문과 연결되어 있다'고 믿으면 이런 기적이 일어난다.

내 경우에도 그랬다. 아니 실제로는 믿기 시작했을 때부터 이미 기적은 일어나고 있었다. 빚투성이 신세가 된 힘겨운 상황에서도 "감사합니다."라고 끊임없이 중얼거리다 보니 우연히 발견한 예전 통장에 몇십만 원이 들어 있었고 형이 찾아와 "그러고 보니 네가 가게를 냈는데 축하 선물도 주지 않았네."라고 하면서 100만 원을 주었다. 우주는 이미 움직이고 있었던 것이지만 나는 그 사실을 상황이 확실하게 바뀐 이후에 자각할 수 있었다.

'우주에 주문을 보냈지만 좋은 일이 일어나지 않아.'

이런 생각이 들 때는 이미 발생하고 있는 좋은 변화가 무엇인지 잘 찾아보도록 하자. 주문을 보내면 그 순간 우주는 이미 움직인다. 좀 더 우주를, 그리고 자신을 믿어야 한다.

"됐어! 이제 소원이 이루어졌어!"

"시간차를 두고 드디어 이루어졌어!"

이렇게 말하고 당신의 인생을 다룬 영화에서 펼쳐지는 거대한 쇼를 마음껏 즐기자.

● 소원이 이루어질 때까지의 시간차를 마음껏 즐긴다

시간차에 관해서도 할 얘기가 있다. 우주로 보낸 주문이 이루어지지 않는다고 좌절하는 사람이 많은데 소원이 이루어지기까지의 시간차를 참지 못하고 "역시 무리야!"라고 말하여 주문의 내용을 바꿔버리는 경우가 있다.

모처럼 자신의 진정한 소원이 무엇인지 깨닫고 움직이

기 시작했는데 그것을 차단하는 이런저런 문제들이 발생하는 이유는 소원이 이루어지기까지 '시간차'가 필요하기 때문이다. 이 시간차가 인생을 바꾸겠다고 결심한 당신에게는 불안감을 초래할 수 있다. 나도 그랬다. 메밀국수를 주문했는데 돈가스만 나와서 초조하기만 했던 나날들…. 지금은 그때가 정말 그립다. 당시를 표현한다면 '빛투성이 고이케의 황금 시대'라고 말할 수 있다.

지금까지의 인생에서 수십 년이나 주문을 보냈던 나의 부정적인 말투가 초래한 현실이 한순간에 바뀌기는 힘들다. 그중에는 "갑자기 바뀌었습니다!"라고 말하는 사람도 있고 부분적으로 그런 극적인 일이 일어나기도 하지만 대부분은 서서히 바뀐다. 어린 시절에 보냈던 주문이 할아버지가 되어 이루어지는 경우도 있다.

《우주님이 가르쳐준 운이 풀리는 말버릇》에서도 설명했듯 우주에 주문을 보낸 것은 그대로 현실화되어 눈앞에 나타난다. 돈가스를 주문했던 수만큼 계속 돈가스가 나오기 때문에 새로 주문한 메밀국수가 나올 때까지 즐거운 마음으로 돈가스를 먹고 소화시켜야 한다.

대부분 사람들은 이 시기에 좌절한다. "역시 내 주문은 이루어지지 않아."라고. 그래서 또 부정적인 말을 하게 되고 그것이 주문이 되어 부정적인 결과만 되풀이된다.

세상에 나와 있는 우주와 관련된 책 등을 읽고 '원하는 만큼 이루어진다'고 생각하는 사람도 있을지 모르지만 이것은 커다란 착각이다.

거기에는 반드시 행동이 따라야 한다. 이 행동은 '노력'이라고 말할 수 있다.

"노력 없이 성공 없다."라고 말한다면 '뭐야, 결국은 노력하라는 소리잖아!', '그건 당연한 얘기잖아. 우주가 무슨 상관이 있어!?'라고 생각할 수 있지만 '행복해질 거야.'라는 각오를 하고 도전하는 노력은 무조건 노력만 하면 된다는 식의 노력과는 다르다. 행동으로 옮겼을 때 즐거워서 견딜 수 없다면 당연히 거기에 정신을 집중하게 된다. 그런 노력이 이 세상에는 분명 존재한다.

나도 빚 때문에 고통을 받던 시절에는 아무리 노력을 해도 돈을 벌 수 없어서 완전히 지쳐 있었다. 하지만 '행복해졌어.'라는 전제 아래 노력을 하기 시작하자 같은 노력인데도 너무 즐거워서 견딜 수 없을 정도로 기분이 좋았다.

소원을 이루려면 노력이 필요하지만 그 노력은 목표를 분명하게 실현하기 위해 필요한 것이며 자학적인 노력과는 다른 것이다. 소원을 이룬 사람들은 "가슴이 설레는 일만 따라서 하세요.", "내키지 않는 일은 하지 마세요."라고 말하는 경우가 많다. 사실 그 바탕에는 소원을 이루기까지 실행해온 '노력'이라는 이름의 행동이 반드시 존재했다는 사실을 기억해두자.

돌이켜보면 고생담이야말로
자신의 역사에서 가장 귀한 에피소드

우주의 규칙 6

드림 킬러가 나타나면 '시험당하는 것!'이라고 생각해야 한다

❶ 드림 킬러는 마음이 만들어낸 것!

지금까지 불행한 길만 걸어온 사람 옆에는 역시 불행한 길을 걸어온 사람이 존재한다. 그렇기 때문에 당신이 주문을 바꾸고 우주가 그것을 실현하기 위해 움직이기 시작하면 그 상대가 악마처럼 변하는 경우가 있다.

"너 따위가 그 일을 할 수 있을 리 없어."라고 빈정거리거나 발목을 잡는다. 그것이 '드림 킬러'다.

❷ 상대방은 자신의 잠재의식을 비추는 거울이다

상대방은 나의 마음을 비추는 거울이다. 즉 드림 킬러는 변화를 두려워하는 당신 그 자체이다. 그런 훼방꾼들이 나타난다면 이미 변화가 시작되고 있다는 증거다. 그럴 때는 스스로에게 100%의 사랑과 신뢰를 보내고 "나는 변화를 받아들였어!"라고 말하자.

❸ 사랑의 빔으로 해결한다

그래도 발목을 잡는 훼방꾼이 떠나지 않을 때, 그리고 불안과 걱정이 사라지지 않을 때는 사람을 대할 때마다 상대방의 미간을 향해 빔을 쏜다는 생각으로 "사랑의 빔!"이라고 말하자. 물론 다른 사람 앞에서는 마음속으로 말하면 된다. 우주에서는 당신도 상대방도 모두 당신 자신이다. '사랑의 빔'으로 상대방에게 사랑과 신뢰를 전하면 상황은 완전히 바뀐다. 그러니 시험해보자.

―――― 우주님의 가르침을 인용한 보충 강의 ――――

드림 킬러 때문에
맥이 빠지는데…?

● **중요한 것은 진심으로 자기편이 되어야 한다는 것**

　이 책의 주인공 히로미처럼 '외모에 콤플렉스가 있어서 자신감을 가질 수 없다'는 건 커다란 착각이라는 사실을 깨달았을 때 사람은 인생의 즐거움을 깨달을 수 있다. '나는 아름답지 않다.', '나는 젊지 않다.', '나보다 여동생이 더 예쁘다.' 이런 생각들은 모두 착각이다.

　이렇게 말하면 "하지만 부모님도 그렇게 말했는데요.", "사실이 그런 걸요.", "실제로 난 그 나이인 걸요."라는 반발이 나올 수 있지만 그건 당신이 그렇게 생각하고 있을 뿐이며 스스로 자신을 그렇게 규정해버리고 있기 때문이다.

남자를 만나 돈과 사랑을 바치거나 상대방에 맞추는 것도 '나는 남자에게 뭔가를 줘야 연애를 할 수 있는 여자이니까.'라는 설정을 해버리기 때문이다. 즉, 자신감을 가질 수 없거나 주변의 말에 반응하여 우울해지는 이유는 당신이 자신을 진심으로 응원하고 있지 않기 때문이다.

사람은 일이 뜻대로 풀리지 않을 때 그 원인을 주변에서 찾기 쉽다. 하지만 문제는 항상 자신의 내부에 존재한다. 현실적으로 발생하고 있는 모든 현상은 자신의 우주에서 발생하는 일들이기 때문이다. 따라서 드림 킬러가 아무리 당신의 콤플렉스를 자극하고 일이 뜻대로 풀리지 않는 이유를 들이대더라도 받아들이지 말아야 한다. 그럴 때야말로 누구보다 자기편이 되어야 한다.

'나는 안 돼.'라는 생각이 떠올랐을 때 거기에 존재하는 것은 다른 사람의 기준이다. 다른 사람의 기준은 우주의 기준이 아니다. 당신의 기준이 우주의 기준이다. 그리고 당신의 기준, 그리고 우주의 기준은 당신이 정하는 것이다.

주변을 둘러보자. 나이가 들었어도, 결점이 있어도 꿈을 이루어 행복하게 살고 있는 사람들이 얼마든지 있다.

자신을 어떻게 대하고, 자신을 얼마나 소중히 여기는가.

당신이 정말로 자신의 인생을 소중하게 여기고 스스로를 믿으며 진심으로 응원하며 행복해지고 싶다는 바람을 갖고 있는가. 우주는 당신의 주문이 당신의 진심인지를 보고 있다. 당신이 당신의 우주를 진심으로 믿는지 알고 싶어 한다.

● **언제까지 사소한 문제에 얽매일 것인가?**

전에 나에게 상담을 하러 온 여성이 이렇게 말했다.
"제 인생이 잘 풀리지 않는 이유들 속에는 어머니와의 관계 문제도 있어요."
그분은 심리학도 공부했기 때문에 모녀 관계가 인생의 전제 조건을 결정한다는 사실도 깨닫고 있었고 삶에 완전히 지쳐 있었다.
"점술가를 찾아갔더니 '당신에게는 사명이 있고 재능이 있습니다. 인생을 호전시키고 싶으면 ○○산에서 1년 동안 수행을 하십시오.'라고 말했어요."
"그래서, 그런 인생을 살고 싶습니까?"
"무슨 일을 하든 무슨 일이 생기든 불평하지 않고 행복한 인생, 그리고 사랑받는 인생을 살고 싶어요."
"인생을 호전시키고 싶고 행복해지고 싶다면 앞으로 1년 동안 불평불만을 말하지 말고 다른 사람의 험담도 하지 말고 '행복', '사랑받고 싶다'는 말을 반복하십시오."

"안 돼요. 그건 무리예요!"

그렇게 대답하는 여성에게 나도 모르게 "네? 그것도 못 하면서 ○○산에서 무슨 수행을 하겠다는 겁니까?" 하고 추궁했다. 우주님이었다면 부채를 휘둘렀을 것이다.

내 방식으로 말한다면 인간은 이 세상에 태어난 시점에 이미 우주로부터 축복을 받은 존재다. 자신의 우주를 가져도 된다는 허락을 받은, 정말 행복한 존재다. 그것은 '어머니가 사랑해주지 않았다'거나 '가정환경이 불행했다'거나 하는, 태어난 이후에 발생한 어떤 결과들보다 훨씬 중요하며, 그 자체로 행운이다.

그런데 자신의 우주를 즐기지 못하고 불평불만을 늘어놓는다는 것은 20년 전에 먹은 비빔밥에 "내 비빔밥에만 달걀 노른자가 올려져 있지 않았어." 하며 미련을 붙들고 있다는 의미다. 그 후 인생에서 아무리 맛있는 음식을 먹어도 계속 "그때 왜 내게 달걀을 주지 않았을까?" 하고 집착하는 자신의 모습을 상상해보자.

우주님에게 "대체 언제까지 그런 사소한 문제에 얽매여

있을 거야!"라고 얻어맞지 않도록 주의하자.

● 우주에 존재하는 '어떤 자신'과 계약할 것인가

어느 날 밤 나는 꿈을 꾸었다.

꿈속에서 나는 빚 2억 원에서 벗어나지 못해 발버둥치고 있었다. 우주로부터의 힌트를 깨달았지만 귀도 기울이지 않고 행동으로도 옮기지도 않는 나. 이윽고 아내와 아이가 떠나고 나는 혼자 어두컴컴한 집에 남아 잔뜩 웅크린 채 눈물만 흘렸다. 죽고 싶을 정도로 고통스러운 어둠 속을 한없이 방황하는 느낌이었다.

그때, 우주님의 목소리가 들렸다.

"이봐, 고이케! 이번이 마지막이야! 딱 한 번만 더 되돌려줄게!"

그 순간 잠에서 깨어났다.

잠에서 깨어난 뒤에도 눈물은 계속 흘러내렸다. 이것이 단순한 꿈이 아니라 우주의 힘을 믿지 않고 대충 살고 있는 또 하나의 나의 인생이라는 사실을 온몸으로 느꼈기 때문이다. 강렬한 공포감과 함께 느껴졌던 안도감은 지금도 잊을 수가 없다.

나는 어쩌면 그 어둠 속에서, 샤워기에서 튀어나온 우주님을 만나는 장면까지 되돌아간 것인지도 모른다.

나는 사람들에게 "한 사람에게 하나의 우주가 있습니다."라고 말하고 있는데 그것은 지금 당신이 존재하는 현실 외에도 당신이 지금까지 수많은 선택을 해온 수만큼 우주가 존재한다는 의미다. 그렇기 때문에 만약 당신이 지금 고통스러운 상황에 놓여 있다 해도 그것은 우주가 최악의 상황에서 벗어날 수 있는 포인트로 당신을 되돌려놓고 있는 과정이라고 생각해야 한다.

지금 이 순간의 선택과 행동이 당신의 미래를 만든다.

'연봉 1억 원'이라는 주문을 하면 연봉 1억 원인 당신의 우주와 연결되면서 그에 필요한 힌트들이 날아온다. '연봉 10억 원'이라는 주문을 하면 연봉 10억 원인 당신의 우주와 연결되면서 그에 필요한 힌트들이 날아온다.

연봉 1억 원을 받게 해주는 힌트와 연봉 10억 원을 받게 해주는 힌트가 같을 리가 없다. 물론 그만큼 행동을 해야 하고 훼방꾼도 증가할 수 있지만 어떤 우주와 손을 잡는가, 어떤 우주에서 살기로 계약하는가 하는 것은 지금 이 순간 당신이 정하는 것이다.

자신의 우주는 스스로 결정하면 된다.
그렇다, 아름다움도 젊음도 가능성도…

2부
우주는 극적인 전개를 좋아한다

우주의 규칙 7

우주 은행에 적금이 되는 '짤랑짤랑' 말버릇

몇 개월 뒤

히로미는 몰라보게 달라졌다.

행동하기 시작하면
사람은 빛이
나기 시작한다.

오오오

히로미, 완전 변했는데!

제차 진화기

그렇지요?

"너… 너도 뭔가 변했는데."

"자신감 넘치는 완벽한 여자 같아!"

"감사해요!"

지난 몇 개월 간 히로미는 "감사합니다."와 "사랑의 빔."이라는 말을 계속 되풀이했다.

"그래! 다이어트를 해서 살을 뺄 거야!"

"책도 읽고 화장법과 헤어스타일링도 공부하고."

그리고 자신의 우주 역사상 최고의 아름다움을 얻기 위해 나름의 도전을 지속적으로 해왔다.

야, 네가 말 좀 걸어봐.

아, 네가 해 봐.

심술궂었던 젊은 학원 동료들도 히로미의 변화에 깜짝 놀라 더 이상 비아냥대지 않았다.

히로미 씨, 예뻐요.

비법 좀…

❶ 행동할 때마다 우주 통장에 돈이 입금된다

우주로부터 힌트를 얻어 노력하면 그 행동의 대가가 우주 통장에 기재되고 막대한 저축으로 쌓인다. 그렇기 때문에 우주 은행의 통장에 돈이 쌓이는 이미지를 그리면서 "짤랑짤랑"이라고 말해야 한다.

특히 하기 싫은 것을 참고 해낼수록 놀라울 정도의 이자가 붙게 되고 그것은 결국 현실 세계에 돈과 풍요로운 삶으로 돌아온다.

❷ 돈과 관련된 주문은 금액까지 명확하게 하자!

소원을 이루기 위해 돈이 필요한 경우에는 "돈이 필요해."라는 어정쩡한 주문보다는 명확한 금액을 설정하여 주문해야 우주에 전달되기 쉽다. 단순히 '돈이 필요하다'고 하면 얼마를 원하는지, 언제까지 필요한지 전혀 알 수 없기 때문이다.

따라서 무엇을 하기 위해 언제까지 얼마의 돈이 필요한지 명확하게 우주에 주문해야 한다. 그렇지 않으면 '돈이 필요하다'는 주문이 백 원짜리 동전을 줍는 결과로 끝날 수도 있다.

―― 우주님의 가르침을 인용한 보충 강의 ――

어떻게 해야
돈이
더 빨리 들어올까?

● **자신에게 돈을 받을 수 있는 허가를 내준다**

"제가 내일 돈이 필요합니다. 내일 돈이 들어올 수 있는 말버릇은 무엇입니까?"

이런 절박한 메시지를 받는 경우가 있다.

그러나 돈은 자신의 우주 안에서 자신을 어떻게 대했는지에 따라 주어진 가치가 수치로 나타난 것이다. 그런데 '돈'이라는 물질 자체에 시선이 쏠려 있으면 중요한 것을 볼 수 없게 된다.

지금 수중에 돈이 없는 이유는 당신이 당신에게 그만큼

의 가치가 있다고 생각하지 않기 때문이다. 즉 '돈을 받을 수 있는 허가'를 내주지 않았기 때문이다.

그리고 이것은 자신의 인생을 좀 더 소중히 여기라는 우주의 메시지이기도 하다. 궁지에 몰려 있는 자신의 현재 상황을 어떻게 헤쳐 나갈 것인지, 전략을 세우거나 속임수를 쓰는 것이 아니라 '어떤 사람이고 싶은지'를 한번 곰곰이 생각해보자.

예를 들어 문제를 일으킨 회사의 사장이 기자회견을 하는 장면을 우주가 보고 있다고 생각해보자. 그 자리만 벗어나려 하거나 거짓말을 해서 상황을 벗어나는 데에만 집착한다면 문제는 그 이후에도 끊임없이 발생하고 결국 수습하기 어려운 지경에 이를 것이다.

하지만 현 상황에 당당하게 맞서 자신이 어떻게 할 것인지를 생각하고 기자회견을 하는 사장의 말은 진실과 감동을 안겨준다.

위기는 기회가 아니라 현재 자신의 모습을 돌아보는 계기가 되어준다.

● '나는 반드시 돈을 번다'고 스스로를 믿는다

돈이 들어오는 사람이 되기 위해 필요한 두 가지 중요한 조건이 있다. 돈을 '기쁨을 위해 사용한다'는 것과 '사용하기 위해 직접 번다'는 것이다.

이 두 가지가 모두 필요하다.

물론'(자타 공히) 기쁨을 위해 사용한다'는 요소에 의해 우주의 '돈의 흐름'이 탄생하는 것이지만 그 흐름이 당연한 듯 흘러가게 하는 전 단계로서 스스로 책임을 지고 돈을 벌고자 하는 자세가 갖추어져 있어야 한다. 예를 들면 이런 느낌이다.

'아, 이 상황에서는 돈을 쓰고 싶어.'
'이 사람을 위해서라면 돈을 쓰고 싶어.'
'하지만 여기서 돈을 써버리면 더 이상은 남지 않게 되는데.'
'돈이 들어오지 않아 곤란한 상황에 몰리는 건 싫어.'

이런 걱정이 든다면, 자기 자신에게
"괜찮아! 무슨 일이 있으면 내가 책임을 지고 벌면 되니까 안심해! 만약 돈 때문에 힘든 일이 생겨도 내가 반드시 대처해낼 거야! 그러니까 내게 맡겨! 돈이 없다고 죽지는 않아!"

라고 말할 수 있어야 한다.

우주 = 나의 내부에 존재하는 진정한 나.

즉 자기 자신에게 그 말을 할 수 있다는 것은 자신의 우주를 100% 믿을 수 있다는 뜻이다. 그 상태가 되어야 비로소 우주는 미래의 무한대의 에너지를 제한 없이 발휘할 수 있다.

덧붙여, 우주로 주문을 보내면서 '이루어질까?' 하고 생각하는 것은 '이루어지지 않으면 어떻게 하지?' 하고 불신하는 것과 똑같다. 결국 이 주문은 '역시 이뤄지지 않았어.'라는 결과를 낳는다.

그렇기 때문에 '뭐, 이루어지지 않아도 상관없어.'라고 생각할 수 있을 정도로 스스로 번다는 각오를 가져야 한다. 이루어지지 않아도 그 책임은 자신이 진다고 생각할 수 있을 정도로 자신을 믿을 수 있어야 한다.

덧붙여, 나도 2억 원의 빚이 있던 시절에 솔직히 돈을 버는 것이 불안해서 견딜 수 없었다.

하지만 "10년 만에 2억 원을 모두 갚고 행복해졌어!"라는 주문을 보냈기 때문에 늘 그 힌트를 찾을 수 있었다.

"돈을 벌 수 있는 방법은 또 없을까?"

"남는 시간을 활용해서 돈을 벌 수는 없을까?"

"돈을 벌 수 있는 방법은 어디든지 있으니까 할 수 있는 일이 있으면 뭐든지 하겠습니다! 그러니까 우주님! 그 힌트를 가르쳐주십시오!"

이런 식으로 늘 우주님에게 질문을 하고 우주님이 보내준 힌트는 반드시 실행했다.

그 결과 얻을 수 있었던 것은,

"아무리 돈을 써도 필요한 때에는 돈이 들어오는 거야."

"돈을 써도 그 몇 배가 들어오니까 걱정 없어."

라는 감각이었다.

주문을 보내고 힌트를 얻어 실행에 옮긴다. 그런 과정들이 쌓여야 우주에 대한 절대적인 신뢰관계가 형성된다. 하지만 지금까지 몸에 밴 습관을 바꾸려면 용기가 필요하고 힘이 들 때도 있다.

그러나 힘이 드는 때는 정말 처음뿐이다. 자신을 신뢰하고 현재의 자신으로부터 한 걸음 더 내딛으면 우주는 크게 기뻐하며 한껏 응원해줄 것이다. 사실이다. 그러니까 부디 실천해보기를 바란다.

돈 때문에 힘이 들더라도
나는 걱정 없어

우주의 규칙 8

나도 상대방도 '모두가 나'라고 여긴다!

❶ 스스로를 즐겁게 만든다

다른 사람의 시선에 얽매이거나 다른 이들의 평가에 신경이 쓰여 하고 싶은 일도 제대로 하지 못하는 사람이 있는데, 이건 참 웃기는 일이다. 세상에 존재하는 모든 것은 자기 자신이기 때문이다. 따라서 다른 사람의 시선에 얽매일 필요가 없고 평가에도 신경 쓸 필요가 없다. 오직 자신이 더할 나위 없는 기쁨을 느낄 수 있는 일을 하나씩 선택하고 실행하면 될 뿐이다.

❷ 눈에 비치는 모든 것을 나 자신이라 생각하고 대한다

지금 당신의 눈에 비치는 모든 것은 당신의 에너지 그 자체다. 인간은 불행한 상황에 놓여 있을 때는 만나는 사람이 자신을 함부로 대한다고 잘못 생각하기가 쉽다. 그럴 때는,

"이것도 나고, 저것도 나며, 그것도 나다."

이렇게 말하면서 세상을 돌아보자. 그리고 정성을 다해 대하자. 자신의 우주 전체가 행복해질 수 있도록 행동하다 보면 자신의 우주에는 행복이 가득 차고 눈에는 행복한 대상만이 비치게 된다. 지금 당장 실행해보자.

――― 우주님의 가르침을 인용한 보충 강의 ―――

'모든 것이 나'라는 건
어떤 의미일까?

● __당신의 우주는 당신만의 것__

우선 내가 당신에게 해주고 싶은 말이 있다.

그것은 "당신의 우주에 당신이 함부로 대해도 되는 건 아무것도 없다."는 것이다.

그렇다. 당신이 함부로 대해도 되는 건 단 하나도 없다. 지금 당신이 보고 있는 것은 당신만의 우주다. 다른 사람은 당신이 보는 우주를 볼 수 없다. 그 우주는 당신의 우주 안에 펼쳐진 수많은 선택지에서 당신이 선택한 당신만의 우주다. 그리고 그 우주를 장악하고 있는 존재는 당신 자신이며 등장인물이나 사물들 역시 모두 당신 자신이다.

   지금 당신이 불행한 상황이든 행복한 상황이든 당신이 선택한 우주, 즉 당신의 인생을 당신은 진심으로 소중히 대해야 한다. 당신만이 그 우주를 바꿀 수 있다!

   자신의 인생을 화려하게 빛나게 하기 위해 당신이 할 수 있는 것은 당신의 우주에서 발생하는 일과 등장하는 사람들을 모두 자기 자신이라 생각하고 최선을 다해 존경하는 마음으로 대하는 것이다. 당신의 인생에 등장하는 모든 것들을 어떻게 해야 행복하게 만들 수 있는지 생각하고 행동으로 옮기는 것이다.

눈에 비치는 모든 것은 '나' 자체다

우주의 규칙 9

필요한 능력은 '말버릇'을 통해 끊임없이 샘솟는다

❶ 능력도 주문한다

우주에 주문을 보내고 행동하다 보면 우주가 엄청난 힌트를 던져주는 경우가 있다. '무대에 서서 노래하라.'는 식으로 낯가림이 심한 사람은 도저히 생각할 수 없는 힌트가 날아오기도 한다. 그때 "아, 나는 음치라서…."라거나 "나는 다른 사람 앞에 서는 것을 잘 못해."라며 핑계를 대고 실행하지 않으면 소원은 이루어지기 어렵다. 능력도 주문의 하나다. 필요한 능력은 반드시 갖추어지니까 믿고 행동에 옮겨야 한다.

❷ 자신의 능력이건 타인의 능력이건 관계없다

'내게는 그런 능력이 없어.'라는 생각이 들 때 타인의 능력이 능력으로 주어지는 경우도 있다. 연봉 10억 원을 주문했는데 혼자서는 도저히 달성할 수 없기 때문에 우수한 동료나 직원이 나타나서 꿈을 실현할 수 있는 팀이 만들어진다. 모든 것에 감사하고 샘솟는 능력을 마음껏 활용하면 된다.

❸ 스스로 한계를 정하지 않는다

"내게는 맞지 않아서 이건 무리야."라는 식으로 함부로 판단하는 태도는 금물이다. 아무리 자신이 재능이 없다 해도, 아무리 어려워 보이더라도 우주에는 그것을 실현할 수 있는 방법이 있다. 주문에는 제한이 없다. 필요한 능력은 '말버릇'을 통해서 끊임없이 샘솟는다.

―― 우주님의 가르침을 인용한 보충 강의 ――

능력이 끝없이 샘솟는다는 말은 믿기 어려운데?

● **능력은 살아가기 위해 끝없이 샘솟는다**

사실 역경을 헤쳐 나온 사람일수록 높은 능력을 가지고 있는 경향이 있다. 우리가 살다보면 살아남기 위해 필요한 능력은 반드시 갖추어지기 때문이다.

특히 어린 시절의 가정환경이 지금의 당신의 능력과 관계가 있다. 예를 들어 '성적이 좋아야 한다'고 강조하는 가정에서 자란 아이는 그야말로 필사적으로 공부를 하기 때문에 공부를 하는 능력이 갖추어지고, 엄격한 부모 밑에서 자란 아이는 사람의 눈치를 살피는 능력이 발달해서 인터

뷰어나 카운슬러 등 다른 사람의 이야기를 듣는 일에 적합한 센스가 갖추어진다.

인생이 고통스러울 때, 인간관계가 뜻대로 풀리지 않을 때, 가족 문제 때문에 고민이 될 때는 성장 과정이나 현재 놓여 있는 환경 등 부정적인 부분으로 눈길이 가기 쉽지만, 그런 과정을 이겨낸 사람이 갖추게 되는 능력이나 강인함은 '인생을 바꾸고 싶다'고 결심했을 때 긍정적인 쪽으로 꽃을 피운다.

즉, 역경을 이겨내야 강인한 사람이 될 수 있다는 것. 지금까지 살기 위해 길러져온 능력에 지금 하고 싶은 일을 하기 위해 필요한 능력을 더해서 살아가는 거니까 호랑이에게 날개를 달아준 셈이다! 따라서 할 수 없는 것은 아무것도 없다.

● 다른 사람의 도움을 받는 것도 능력이다

만약 자신이 할 수 없는 일이 있다고 해도 능력을 주문하면 우주에서 보내준다. 그것은 물론 어느 날 갑자기 피아노를 잘 치게 되거나 영어를 잘하게 되는 것이 아니다. 소원을 달성하기 위해 타인의 능력이 제공되는 경우도 얼마든지 있다. 이 책을 예로 들면 내가 미야기 현에 있는 천재 일러스트레이터 아베 나오미 씨를 만나지 못했다면 글로만 이루어진 책이 과연 독자 여러분들에게 어느 정도나 사랑을 받았을까.

(어라? 나 예상외로 꽤 잘 그리는데….)

그러나 이 정도 실력으로는 우주님이 "지금 장난하는 거야 뭐야?"라며 화를 낼 것이 뻔하다. 그렇기 때문에 '책을 출간한다'는 주문을 보냈을 때에는 이미 아베 씨와 나의 만남이 예정되어 있었고 덕분에 멋진 우주님의 모습을 여러분에게 선사할 수 있게 된 것이다.

그렇다. 아무리 자신의 소원을 이루기 위해 자기가 최선을 다해 행동한다 해도 한계는 있다. 모든 것을 혼자 해결할 수는 없다.

그렇기 때문에 주문을 보낸 뒤에 샘솟는 능력은 자신이 행동을 하는 과정에서 자연스럽게 갖추어지기도 하지만 유능한 사람이 나타나 도와주는 경우도 있다.

그것 역시 고마운 존재다. 우주는 타인의 능력과 자신의 능력을 구분하지 않는다. 모든 것은 오직 주문을 실현하기 위해 일직선으로 움직인다. 따라서 주어지는 모든 능력을 받아들이고 감사하는 마음으로 최대한 활용해야 한다.

스스로 한계를 정하지 않는다

우주의 규칙 10

자신감을 가지면
인연이 찾아온다

❶ 인연은 나의 외모, 나이, 이혼 유무와 전혀 관계없이 주문을 보낼 수 있다

결혼 상대를 주문할 때 중요한 것은 자신의 외모나 나이와 상관없이 "나는 결혼할 거야!"라고 우주에 선언하는 것이다.

그리고 "내가 행복해질 수 있는 결혼을 할 거야."라는 주문을 한 다음 다른 주문과 마찬가지로 우주에서 날아오는 힌트를 반드시 실행해야 한다. "일단 살부터 빼!"라거나 "만남 파티에 가봐!"라는 식으로 장벽이 좀 높은 힌트라는 느낌이 들더라도 반드시 실행해야 한다.

❷ 기한도 정해서 주문한다

"결혼할 거야."라고 정했으면 만나는 시기나 결혼까지의 시기도 주문에 넣는다. 그렇지 않으면 '언젠가는'이라는 어정쩡한 주문이 추가되어 우주는 '아무 때라도 상관없구나.' 하고 해석하거나 진심이 깃든 주문이 아니라고 받아들이게 된다.

"○월×일에 △△의 멋진 예식장에서 나를 누구보다 사랑하는 사람과 결혼한다."고 가능하면 구체적으로 주문해야 우주가 그 주문을 실현하기 위해 움직이기 편하다. 진지한 각오가 있어 보이기 때문이다. 호호호.

― 우주님의 가르침을 인용한 보충 강의 ―

운명적인 상대를 주문해도 만날 수 없는 이유는?

● **당신의 상대는 이 세상에 이미 존재한다**

전 세계에는 남녀가 각각 약 35억 명 정도가 있다. 그중에서 굳이 자신을 소중하게 생각해주지 않는 상대를 선택하거나 그에게 얽매이는 이유는 무엇일까?

그것은 본인 스스로 자신을 부정하고 있기 때문이다.

이 책의 주인공 히로미처럼 자신을 계속 부정만 하고 있다 보면 낡은 옷에 밴 냄새처럼 쉽게 제거가 되지 않는다. 하지만 포기하면 안 된다.

특히 여자는 자신을 가꾸면 가꿀수록 빛이 나는 법.

연예계를 보아도 데뷔할 당시에는 그다지 눈에 띄지 않았던 여자 연예인이 인기를 얻고 사랑을 받으면서 점차 아름다워지지 않는가. 일반인도 마찬가지다.

틈이 있을 때마다 "아름답습니다.", "미인이시네요.", "사랑합니다."와 같이 남자에게 들으면 기분 좋은 말을 자신에게 계속 들려주어야 한다. 부끄럽다는 생각이 든다면 그럴수록 더 많이 해서 그 부끄러움이 날아가버릴 정도로 칭찬을 해주자. 욕실 거울을 통해 자신의 얼굴을 볼 때마다 깜짝 놀라는 표정을 지으며 "어머, 여배우인 줄 알고 깜짝 놀랐어요!"라고 말하자.

외출할 때도 거울이나 건물 유리에 비친 자신을 볼 때마다 마음속으로 '정말 예뻐!'라고 끊임없이 칭찬을 하자. 말버릇은 뿌리 깊게 자리 잡고 있는 관념을 불식시키는 효과가 있다.

당신의 우주다. 그 안에서는 외모의 기준 역시 당신이 정한다. 당신의 우주 안에서 정말로 아름다운 당신을 만들자.

그렇다. 미국의 여배우 캐머런 디애즈의 우주를 제외한 공간에서는 누구나 캐머런 디애즈보다 아름다우며 메릴린 먼로의 우주를 제외한 공간에서는 누구나 메릴린 먼로보다 아름답다.

지금 당신은 당신의 우주 안에 존재하기 때문에 당연히 당신이 가장 아름다운 존재다. 당신의 우주에 등장하는 인물들은 모두 당신 자신이다. 따라서 당신보다 아름다운 사람이나 우수한 사람들은 '나도 저 사람 못지않게 아름다운 사람이야.'라고 생각하도록 하기 위해 존재하는 것이다. 그런데 "나는 저 사람과 비교하면 정말 못난이야."라며 스스로를 비하한다면 정말 비극이다.

당신이 이 사실을 깨닫고 누구보다 아름답고 이상적인 '나'로 돌아오면 당신에게 필요한 상대는 자연스럽게 다가오게 된다. 그리고 '이 세상에 나의 상대는 이미 존재한다'는 사실을 믿어야 한다.

보기 드물게 십수 년 연하의 사람과 결혼을 하는 연예인이나 유명 인사들이 있기는 하지만 대부분의 경우 우리의 반쪽은 이미 이 세상 어딘가에 존재한다. 다시 한번 말하지만 당신의 상대는 이미 이 세상에 존재한다!

남은 것은 그를 만나는 것뿐이다.

이미 존재하는데 만나지 않겠다는 선택을 하는 사람은 없을 것이다. 만약 그런 결정을 한다면 얼마나 안타까운 일일까. 나는 나의 우주 역사상 최고의 미인인 지금의 아내를 만나 나의 우주 역사상 가장 사랑스러운 딸들을 얻었다. 그렇기 때문에 나는 여러분이 반드시 상대를 만나겠다는 선택을 하길 바란다.

● <u>기한을 정하는 데에는 의미가 있다</u>

만남뿐 아니라 모든 소원과 관련된 주문은 기한을 정해야 보다 쉽게 이루어진다. 이것은 기한을 정하는 것 자체가 중요하다는 말이 아니다. 기한을 정해야 그 소원이 이루어졌을 때의 상황을 보다 뚜렷하게 이미지화할 수 있기 때문이다.

내 친구의 딸 사나는 이 방법으로 멋지게 남자 친구를 만났다. 그녀는 "10월 31일까지 그를 만났다."고 종이에 써서 침대에 누웠을 때 정면으로 보이는 천장에 붙여놓았다. 10월 28일에 우연히 어머니가 쪽지를 발견하고 "앞으로 사흘밖에 남지 않았구나. 이뤄지지 않는 거 아니니?"라고 말했지만 사나는 우주를 믿었기 때문에 어머니에게 이렇게 말했다.

"아니야, 엄마. 우주님에게 주문을 보냈는데 그런 식으로 말하면 주문이 취소돼. 앞으로 사흘이나 남았는데 뭐!"

그리고 31일이 되었다.

"사나 씨, 혹시 남자 친구 있어요?"

대학 국제학부에서 교육학을 전공하고 있던 사나에게 같은 학부생인 외국인이 다가와 말을 걸었다.

"아니요. 없어요."

"아, 다행이다. 그럼 혹시 내 여자 친구가 되어줄래요?"

"네? 아, 네. 좋아요."

이렇게 해서 남자 친구가 생긴 사나에게 그날, 마치 막차를 타기 위해 몰려드는 사람들처럼 남자들이 모여들기 시작했다.

"사나, 남자 친구 있어?"

"네. 아까 생겼어요."

"Oh, no!"

이런 대화가 반복되는 드라마틱한 일이 펼쳐졌고 사나에게는 따스한 봄날이 찾아왔다.

이것은 당연히 우주를 믿고 정확하게 기한을 정했기 때문에 발생한 현상이다. 우주를 믿고 기한을 정하면 잠재의식이 보다 맑아지고 초점이 잘 맞춰지기 때문에 이렇게 몇 명이나 되는 남자들이 다가오는 사태가 발생하기도 한다.

우주는 자신의 존재를 인정해주는 사람을 좋아한다. 그

렇기 때문에 우주는 자신을 믿어주는 사람의 소원을 이루어주기 위해 최선을 다하게 된다.

자신을 소중히 여겨야
다른 사람도 소중히 대할 수 있다

우주의 규칙 11
돈을 원하면
돈이 있는 것처럼
행동한다!

❶ 돈을 원하면 먼저 지불하라

우주에는 항상 선불의 법칙이 있다. 그것은 우주의 역할이 '그곳에 있는 에너지를 증폭하는 것'이라는 데에서 기인한다. 그렇기 때문에 돈을 원한다면 우선 "돈이 없어."가 아니라 "돈이 있어."라는 에너지를 발생시켜야 한다.

❷ '언젠가 갖고 싶다'가 아니라 일단 가진다

자신이 원하는 자신의 모습, 충분한 돈이 있는 자신의 모습을 가장하면 우주가 "아, 그걸 원하는구나."라고 이해하고 당신이 원하는 에너지를 증폭해주기 시작한다. 그렇기 때문에 '언젠가 자동차를 갖고 싶어.'라고 생각한다면 일단 자동차를 구입해야 한다. 그렇게 하면 '자동차를 구입할 수 있는 나'에게 어울리는 에너지를 우주가 증폭해준다.

❸ "내게는 충분한 돈이 있어."라고 말한다

"내게는 충분한 돈이 있어."라고 말한다. 그리고 항상 그 증거를 찾는다. "오늘도 배불리 밥을 먹을 수 있었어.", "오늘도 따뜻한 방에서 잘 수 있었어.", "오늘도 전기세를 기한 내에 낼 수 있었어.", "그래. 내게는 충분한 돈이 있어."라고 인식하면 돈의 에너지가 증폭되어 당신에게 돌아온다.

―― 우주님의 가르침을 인용한 보충 강의 ――

선불을 내고 나면 마음이 불안한데?

● **돈을 원하면 돈이 있는 것처럼 행동한다!**

"부자가 됐어!"라고 말은 했지만 그와 동시에 '하지만 지금은 그렇지 않아.' 하는 생각이 드는 사람들이 많을 것이다. 완료형으로 말해도 '당장 수입이 없다'는 현실 때문에 마음이 불안하기 때문이다.

그렇기 때문에!
지금이야말로 기회다!

잠재의식은 '당신(나)의 주문은 진심인가?'를 확인한다. 그래서 "진심으로 그것을 원하는가?" 하고 질문을 던진다. 여기에서 생각해야 할 점은 '소원이 이루어졌을 때 당신은 무엇을 갖고 싶은가?'이다. 잠재의식은 그 부분까지 정확하게 알고 싶어 한다. 예를 들면 다음과 같다.

월급이 천만 원이 된다면 어떤 현실이 기다리고 있을까?

나는 무엇을 하고 싶어서 월급 천만 원을 바라고 있을까?

월급 천만 원이 된다면 나는 어떤 표정을 지을까?

더 이상 불평불만을 하지 않게 될까?

사람들을 따뜻하게 대하게 될까?

밝은 표정으로 지낼 수 있을까?

이처럼 소원이 이루어진 이후에 당신의 모습은 어떠할 것인지를 좀 더 명확하게 인식하고 표현해야 한다.

내 경우에는 선불의 법칙을 철저하게 실천했다. 물론 돈이 가득 들어 있는 수영장 안에 앉아 있는 것 같은 터무니없는 행동을 한 것은 아니다. 우선 밝은 표정으로 지내면서 불평불만을 하지 않고 사람들을 따뜻하게 대하려고 노력했고 비난이나 비판은 하지 않았다. 행복해졌을 때의 나를 철저하게 연기했다.

우선 당신의 소원이 이루어졌을 때의 감정, 자세, 모습을 준비해야 한다. 그렇게 하면 현실은 자연스럽게 뒤따라오게 된다. 그리고 만약 불안감이 느껴진다면 그럴 때야말로 '감사합니다', '사랑합니다'를 하루에 수천 번 이상 중얼거려야 한다. 불안감에 휩싸여 한 시간을 보낸다면 의미 없고 아까운 한 시간이 흘러갈 뿐이다. 하지만 한 시간 동안 '감사합니다', '사랑합니다'를 되뇌면 어떻게 될까. 현실은 아무것도 변하지 않는 것처럼 보일지 모르지만 잠재의식은 반드시 정화된다.

그리고 "감사합니다.", "사랑합니다."라고 말하는 데에 집중하는 것만으로 적어도 한 시간은 불안감에 휩싸이지 않고 보낼 수 있다. 사고에서 벗어나 잠재의식과 우주를 신뢰하는 상태가 자연스럽게 만들어진다. 결과적으로 눈에 보이지 않아도 우주와의 연결 상태가 원활해진다.

내가 불안감에 싸여 있을 때 우주님은 이렇게 말했다.

"불안감이 생기는 이유는 행동이 부족하다는 증거야! 우주는 너의 모든 것을 알고 있다고! "월급 천만 원이 되었어."라는 주문을 했으면서 행동은 그에 어울리지 않는, 부족하다는 사실을 말이야. 그걸 '불안감'을 이용해서 가르쳐주고 있는 거야! 불안감을 느낄 여유조차 없을 정도로 일단 행동을 하라고! 생각해! 시도해! 결과가 나빠도 상관없어. 가장 나쁜 것은 아무것도 하지 않는 거야!"

만약 당신의 주문이 '현재의 불안감에서 도피하고 싶기 때문'이라는 이유에서 나온 거라면 설사 그 소원이 이루어진다 해도 새로운 불안감이 고개를 치켜들게 된다.

소원이 이루어져도 불안….

아무리 상황이 나아져도 불안….

이것도 주문이기 때문이다. 우주는 당신 내부에 존재하는 진정한 당신의 목소리를 주문으로 받아들인다. 정말로 이상적인 생활을 하고 싶다면 불안감에서 해방되어 행복해지겠다는 각오를 해야 한다. 사람은 그것이 아무리 고통스럽더라도 익숙해진 감정에서 벗어나는 것을 두려워하는 존재다. 따라서 어쩌면 불안감을 떨쳐버리고 싶지 않다고 생각하고 있는지도 모른다.

이상적인 생활을 하고 싶다면 소원이 이루어졌을 때의 모습을 상상해본다. 그리고 잠재의식이 "이 주문은 진심이야?"라고 확인할 때 "당연히 진심이지!"라고 당당하게 가슴을 펴고 대답해야 한다.

그리고 행동한다. 꿈을 이룰 수 없는 영혼은 지구에는 존재하지 않으니까 걱정하지 않아도 된다. 초점을 '소원을 이룬 나'에게 맞춰야 한다.

잠재의식은 항상 당신을 시험하고 있다

우주의 규칙 12

우주에 감사의 에너지를 보낸다

❶ 신사는 '덕분이에요'라고 감사하는 마음을 전하는 장소다

신사는 당신과 우주를 연결해주는 우주 파이프다. 그리고 모든 신사에는 참배를 한 사람의 정보가 축적되어 당신에게 힌트와 에너지를 준다. 사람들이 착각하고 있지만 신사는 소원을 비는 장소가 아니라 우주에 감사의 에너지를 보내는 장소다. 따라서 소원을 빌 것이 아니라 감사하는 마음을 전해야 한다.

❷ '덕분이에요'라고 감사하면 상황이 바뀐다

우리는 예로부터 신과 인간을 하나의 연결 고리로 생각하여 마음을 의지하고 감사하며 살아왔다. 따라서 신사와 같은 종교 시설에 가면 원하는 것을 얻게 해달라는 '기원'을 할 것이 아니라 지금까지 잘 살아오게 해준 것에 대한 감사의 마음을 전해야 한다. 그렇게 해야 우주의 긍정적인 에너지가 당신에게 밀려들어온다.

―― 우주님의 가르침을 인용한 보충 강의 ――

신사에 가면 나도 모르게 소원부터 빌게 되는데

● 신사 참배는 자신의 우주를 믿는 행위

나는 매달 1일에는 가족과 함께 반드시 신사에 간다. 신사에 가서 참배할 때 소중하게 생각하는 것은 원하는 것을 말하는 게 아니라 "무사히 한 달을 보낼 수 있게 해주셔서 감사합니다."라고 감사를 전하는 것이다.

우주에 소원을 주문한 후에는 자동으로 그 소원이 이루어지도록 모든 것을 우주가 알아서 한다. 내가 잠들어 있는 동안에도, 목청껏 강연회에서 강연을 할 때에도, 우주님에게 야단을 맞고 있을 때에도 우주는 줄곧 나의 소원이 이루어지도록 노력해준다.

고이케와 관련이 있는 사람들도 그렇고 우리가 평소에 사용하고 있는 물건들, 자동차, 컴퓨터, 스마트폰, 학용품… 그 모든 것은 내가 아닌 다른 사람들이 만들어준 것이다. 즉 누구의 우주이건 본인 이외의 '다른 사람'의 노력으로 만들어진 것들이다.

신은 모든 것에 깃들어 있으며 각각의 우주를 그가 원하는 쪽으로 움직여준다. 따라서 항상 감사하는 마음을 잊지 말아야 한다.

신사에서 절을 할 때도 마찬가지다. 당연히 소원을 빌 것이 아니라 감사하는 마음을 전달해야 하며 우주라는 존재를 믿고 있다는 의사 표시를 해야 한다. 주문한 내용을 이야기하고 싶다면 "주문이 이러이러한 식으로 진행되고 있습니다."라는 식으로 전달만 하거나 과거에 주문했던 소원이 이루어졌다면 "그때 주문을 보낸 소원이 이루어졌습니다. 소원이 이루어지게 해주셔서 감사합니다."라고 전달하면 된다.

그리고 미래의 자신을 그려본다.

'미래의 자신'이 '현재의 자신'을 돌아보고 소원을 이루어지게 해준 우주에 감사하고 있는 이미지를 그리면서 참배를 한다. 그렇게 하면 주문은 보다 빨리 현실화된다.

● <u>기한이 지난 주문에는 '이자'가 붙는다</u>

소원이 이루어지게 하는 데에 도움을 주는 책 등을 보면 '목표를 정하고 기한을 정하고 실행한다'는 식으로 설명이 되어 있다. 나도 그렇게 실천하고 있지만 가장 강력한 힘이 발휘되는 시기는 기한이 다가왔을 때가 아니라 기한이 지난 바로 그 순간이다.

사람들은 그 순간 "아, 이렇게 열심히 노력했는데 결국 이루어지지 않았어!" 하고 실망을 하지만 그 사람의 실망한 태도에 더 큰 실망을 하는 존재가 있다는 사실을 잊지 말아야 한다.

그렇다. 바로 우주님이다.

우주는 드라마틱한 전개를 좋아하며 해프닝을 좋아한다. 그렇기 때문에 우주는 기한을 정한 주문이 있었다고 해도 보다 드라마틱한 장면을 노리고 있으면 주저하지 않고 기한을 넘겨버린다. 이것은 어디까지나 보다 드라마틱한 전개를 펼치기 위해 기한을 넘겨 에너지를 증폭해가는 기간이다. 그 후에 발생하는 결과는 기한 안에 완성되는 결과보다 훨씬 스케일이 크다.

그렇다. 기한이 지난 주문에는 이자가 붙는다.

우주님은 기한이 지난 그 시점부터 보다 드라마틱한 전개를 생각하는데 "아, 결국 이루어지지 않았어."라는 말을 들으면 크게 실망한다. 그리고 "아, 결국 이루어지지 않았어."라는 말이 새로운 주문이 된다.

그렇기 때문에 기한이 지났을 때에는 여느 때보다 더 큰 목소리로 약간 호들갑을 떨면서 "됐어! 내 소원이 멋지게 이루어졌어!"라고 소리치도록 하자. 아, 사람들이 많은 곳에서는 당연히 마음속으로.

그리고 "역시 우주님은 대단해. 얼마나 더 큰 결과가 나올지 기대해봐야지!"라고 말하자. 우주님은 뿌듯한 마음으로 당신의 소원을 보다 큰 결과로 현실화해주기 위해 최선을 다할 것이다.

항상 감사하는
마음을 잊지 않는다

우주의 규칙 13
남자는 여자가 생각하는 것 이상으로 단순하다

❶ 남자는 여자를 여신처럼 생각하고 대해야 한다

자기 앞에 좋은 파트너가 나타나도 과거의 부정적인 성격이 방해를 하는 경우가 많이 있다. 예를 들어 지금까지 부도덕한 남자만 만나왔던 여자가 갑자기 자신을 정중히 대하는 남자를 만나면 불안감을 느끼거나, 그동안 여자를 만날 때 자기가 보살펴주지 않으면 여자가 불행해질 거라는 생각으로 연애를 해온 남자가 독립적인 멋진 여성을 만나면 기가 죽는 경우 등이다. 남자의 경우든 여자의 경우든 반드시 기억해야 할 것은 '여자는 여신'이라는 점이다. 남자는 여자를 여신처럼 대하고 여자는 자신을 여신처럼 여겨야 한다. 그것이 우주에서는 올바른 균형 상태다.

❷ **남자는 여신을 행복하게 해주는 일에 행복을 느끼는 존재다**

남자는 여자를 행복하게 만들어주는 것에서 행복을 느끼는 존재다. 그것은 인간이 처음 탄생했던 시절 유전자에 새겨진 '새로운 생명을 낳는 성을 목숨 걸고 지켜야 한다'는 사명을 지금까지 이어오고 있기 때문이다. 남자건 여자건 당연히 자립해서 자신을 행복하게 만들어야 한다. 거기에 더하여 남자는 여신을 소중하게 대하고 행복하게 만들어주고 싶어 하는 생물이다. 이 점은 반드시 기억해두어야 한다.

―― 우주님의 가르침을 인용한 보충 강의 ――

남자에게
매달리고 집착하는
경향이 있는데?

● **자신의 가치를 낮게 평가하는 사람일수록 상대방에게 매달린다**

　여자가 남자에게 필사적으로 매달리는 이유는 자신이 가치 없다고 생각하기 때문이다. 그러면서 상대방은 그런 자신을 소중히 대해주기를 바란다.
　지나치게 겸손한 성격의 사람은 선물을 건넬 때도 "별 거 아니에요." 하며 말하지만 말은 그렇게 하면서도 마음속으로는 상대방이 기뻐해주기를 바란다. 상대방에게 매달리는 여자도 이와 비슷한 경향이 있다.

하지만 잘 생각해보자. 스스로 보잘것없고 부족하다고 생각하면서 상대에게는 "저를 누구보다 소중히 여기고 사랑해주고 공주님처럼 대해주세요."라고 말한다면 앞뒤가 맞지 않는 얘기 아닐까. 그런 터무니없는 기대를 가진다면 남자는 당연히 도망가버릴 것이다.

또한 스스로를 보잘것없다고 생각하는 사람은 자신을 진심으로 사랑하는 사람을 만나도 그 사람을 믿지 못한다. 본인이 스스로 보잘것없다고 생각하는 한, 상대가 아무리 "당신은 정말 아름다워요.", "당신은 제 이상형이에요."라고 말해도 그 말을 믿기 어렵다. 당연하지 않은가? 자신이 싫어하는 존재를 상대방이 사랑한다는 것이고, 자신이 믿지 않는 존재를 상대방이 믿는다고 말하는 것이니까. 이런 앞뒤가 맞지 않는 연애를 하기 때문에 여자는 '사랑'에 유독 매달리게 되는 것이다.

● **상대방은 항상 '나의 취급 설명서'를 보고 있다**

내가 몇 번이나 말했지만 우주는 그 사람의 전제 조건을 최선을 다해 실현해주기 위해 노력할 뿐이다. 당신은 알게 모르게 상대방에게 자신을 어떻게 대해야 하는지를 제시하고 있다는 사실을 알아야 한다.

자신이 정말로 소중한 대우를 받고 싶다면 지금 당장 "나 같은 여자가"라는 말버릇을 "나니까 당연하지."로 바꿔야 한다.

"나 같은 여자가 사랑을 받을 수 있을 리 없어."가 아니라 "나니까 당연히 사랑을 받아야지."로 바꾸고 남자에게 받고 싶은 대우가 있다면 당신 자신이 먼저 스스로를 그렇게 대해야 한다. '아름답다는 말을 듣고 싶어.'라고 생각한다면 끊임없이 스스로에게 "나는 아름다워."라고 말해주어야 한다. '소중한 사람으로 대우받고 싶어.'라고 생각한다면 먼저 자신을 소중하게 대하고 스스로에게 "나는 소중한 사람이야."라고 말해주어야 한다.

이제 알겠는가? 당신 자신이 주변에 "나를 이런 식으로 대해주세요."라고 제시하고 있다는 사실을 절대로 잊지 말아야 한다. 당신이 당신을 어떻게 대하는가. 그 자체가 주변에 대한 '공개적인 취급 설명서'가 된다.

● 남자는 자신을 '기사'로 느끼게 해주는 여자를 선택한다

남자는 오랜 우주의 역사 속에서 여자를 지키는 기사로서의 유전자를 가지고 있다. 그렇기 때문에 여자를 지키고 여자를 웃게 해주는 것으로 남자의 우주는 기쁨으로 가득 차게 된다.

그런데 당신이 상대방을 보살펴주고 상대방이 보내주는 사랑을 거부하면 남자는 '나는 내 여자를 행복하게 만들어 줄 능력이 없어.', '이 사람은 나를 믿어주지 않아.', '이 사람은 나를 어린아이 취급해.'라고 생각하여 점차 기분이 나빠지고 성격이 거칠어진다.

또 하나, 남자에게 필사적으로 매달리는 여자는 남자를 실망시킨다는 사실을 깨달아야 한다. "나, 뭐든지 할 테니까 제발 떠나지만 말아줘."라는 식으로 말한다면 남자는 어떻게 변할까? 틀림없이 뒤도 돌아보지 않고 떠날 것이다.

주변을 둘러보자. 아침부터 저녁까지 남자만을 위해 노력하는 여자보다 자신의 인생을 즐기면서 행복하게 살고 있는 여자 쪽이 훨씬 더 소중한 대접을 받고 있지 않은가? 남자 입장에서 볼 때 여자의 가치는 어머니처럼 잘 보살펴주는 데에 있는 것이 아니다. 도움이 되는 여자도 아니다. 어디까지나 공주로서 지켜주어야 할 가치가 있는 여자다.

그렇기 때문에 남자는 자신을 기사로 느끼게 해주는 여자를 선택하고 영원히 그 자리를 떠나지 않는다.

여자는 여신, 남자는 기사

우주의 규칙 14

먼저 자신이
행복해져야 한다

❶ 엄마를 기쁘게 해주려 노력했던 과거는 버린다!

갓 태어난 아이는 깨끗한 우주 파이프를 가지고 있지만 혼자서는 살 수 없다. 그렇기 때문에 자신을 지켜주는 존재인 가족, 특히 엄마의 마음에 민감하게 반응하고 엄마를 행복하게 해주기 위해 노력한다. 엄마가 표정을 찡그리면 자신에게 책임이 있다고 착각하고 자신이 사랑받지 못하고 있다고 착각한다. 그런 과정이 연속적으로 이어지는 것이 바로 '부정적 인간 생산 라인'이다. 이것을 차단하고 싶다면 우선 엄마가 선택해온 엄마의 인생, 즉 엄마의 우주를 존중하고 엄마에게는 엄마의 인생이 있음을 인정해야 한다. '엄마에겐 엄마의 우주를 행복하게 만들 수 있는 능력이 있어.'라고 믿어야 한다. '내가 어떻게든 행복하게 해드려야지.'라는 생각은 주제넘은 생각이다.

❷ 다른 사람의 우주에 관여하지 않는다

설사 가족이라 해도 각자의 우주 시나리오와 연출이 있으며 그것은 외부에서 마음대로 바꿀 수 없다. 당신이 할 수 있는 것은 당신의 우주에서 주문을 보내고 행동하고 즐기는 것이다. 스스로 바꿀 수 있는 것은 자신의 우주뿐이다. 당신이 자신의 우주를 마음껏 즐긴다면 당신의 눈에 비치는 우주가 바뀌고 인접해 있는 다른 사람의 우주에도 좋은 영향을 줄 것이다.

―――― 우주님의 가르침을 인용한 보충 강의 ――――

엄마 때문에 행복해질 수 없다는 생각이 든다면?

● '부정적 인간 생산 라인'을 차단하는 방법

부정적 인간 생산 라인이란 그 집에 완전히 물든 사고방식이며, 그 사람이 살아가는 지침 같은 것이다.

따라서 당신이 생각하는 정말 행복한 인생을 지금부터 만들어낸다, '소중하게 생각한다'는 전제와 관점에 서서 나의 인생은 어떤지 되돌아보아야 한다.

가족이나 부부관계에 문제를 느끼는 경우, 어느 한쪽에

게만 원인이 있는 경우는 거의 없다. 원인은 양쪽 모두에게 있다. 이해하기 어려울지 모르지만 피차일반인 것이다. 물론, 어느 한쪽이 가해자이고 다른 한쪽은 피해자인 경우도 있다. 여기서 당신의 '나의 내부에 존재하는 진정한 나'에게 질문을 던져보자.

"나는 남편에게 이런 대우를 받아야 할 존재일까?"

"내 인생은 다른 사람의 감정에 휘둘릴 정도로 가치가 없는 걸까?"

"나는 나를 스스로 책임지고 행복하게 해주려고 노력하고 있을까?"

"나는 나를 '나만의 능력으로는 행복해질 수 없는 사람'이라고 생각하고 있지는 않은가?"

"내가 나를 낮추어 보고 있는 건 아닐까?"

이런 식으로 한 번쯤 진지하게 '내 안에 존재하는 진정한 나'를 살펴봐야 한다.

그리고 당신의 우주에서 발생하고 있는 모든 사건은 다른 사람과는 아무런 관계가 없다는, 다른 사람 탓이 아니라는 사실을 깨달아야 한다.

사람은 반드시 '자신의 능력으로 자신을 행복하게 해줄 수 있는 능력'을 가지고 있다. 그런 능력이 갖추어지지 않은 사람은 한 명도 없다. 그러나 자신이나 남편, 가족으로부터 '당신(나)은 자기 능력으로는 행복해질 수 없는 사람'이라는 식의 대우를 받는다면 그 사람은 '자신의 능력으로는 행복해질 수 없는 사람'이 되어버린다. 지구에 존재하는 영혼은 모두 행복해지기 위해 태어났다. 따라서 스스로 자신의 인생을 '행복한 인생'으로 만들어야 한다.

● **가족에게 그 능력이 있다고 믿는다**

가족이 우울해 하는 모습, 불평을 하는 모습을 보면 당연히 고통스럽다. 하지만 이것 역시 자신의 모습을 비추어 내는 거울이다.

우주가,

"너는 사실 어떤 생각을 가지고 있는데?"

"그 상황을 어떻게 해석하고 있는데?"

이런 점들을 확인하는 것이다.

가족의 역경에 마음이 흔들리거나 걱정이 되는 이유는 자신의 내부에 '불안감을 유발하는 마음'이나 '새로운 것을 시작하는 데에 대한 불안감', '보고 싶지 않은 감정'이 존재하기 때문인지도 모른다.

자신의 내부에 '걱정 스위치', '불안 스위치', '공포 스위치'가 존재하는 것이라고 표현할 수도 있다. 우선 당신 자신의 마음을 들여다보아야 한다.

당신은 당신에 대해,

"나는 나를 행복으로 이끌어갈 능력이 있어."

라고 믿을 수 있는가?

"내게는 멋진 장점이 많아."

라는 식으로 자신을 멋진 사람이라고 인정하고 있는가?

"다른 사람에게 도움이 되지 못한다 해도 존재할 만한 가치는 있어."

라는 식으로 자신의 가치를 알고 있는가?

자신의 마음속에 존재하는 불안이나 걱정의 근거를 깨달았다면 자기 자신에게,

"고마워.", "미안해.", "나를 용서해줘.", "사랑해."

이런 말을 전하자.

이것은 호오포노포노(ho-o-pono-pono)라고 하여 하와이에서 탄생한 마음 정화법 중의 하나인데 감사합니다, 미안합니다, 용서해주세요, 사랑합니다 등 네 가지 말을 계속 중얼거리면 잠재의식이 정화된다는 원리다.

나는 처음 이 말을 들었을 때 대체 누굴 상대로 그런 말

을 하라는 건지 의문이 들었지만 최근 들어 '자신의 내부에 존재하는 진정한 자신' 즉 자신의 잠재의식, 자신의 우주에 대해 "지금까지 진정한 바람을 들어주지 못해서 미안해. 나를 용서해줘. 지금까지 끊임없이 노력해줘서 고마워. 사랑해."라고 말하라는 뜻임을 알게 되었다.

즉 자신의 우주의 능력을 믿을 수 없게 되어 우주와 자신을 연결하는 파이프가 막혀서 더 이상 주문이 도달하지 않는 상황을 정화해주는 말이다. 나는 "감사합니다."라는 말에 모든 것이 집약되어 있다고 생각한다. 여기에 "사랑합니다"라는 말을 첨가한다면 더할 나위 없다!

'고마워.' 계속 나를 기다려줘서.
지금까지 '미안해.' 나의 장점을 깨닫지 못해서.
'용서해줘.' 그동안 나 자신을 믿지 못했던 것을.
'사랑해.' 앞으로도 계속 함께하자.

자신을 인정하고 자신을 사랑하면 현실에 대한 견해가 바뀐다. 스스로 자신을 소중하게 여기는 사람은 다른 사람에게도 소중한 대우를 받는다. 그것이 우주의 진실이다.

자신을 소홀히 대하면서 가족 중 누군가를 걱정하거나 바꾸려 하거나 소중하게 대하려 해도 그것은 결국 뜻대로 진행되지 않는다. 자신에게도, 가족에게도 각자의 우주가 존재한다는 사실을 먼저 알고 존중해야 한다.

"그(그녀)는 스스로 자신을 행복하게 만들 수 있는 능력이 있어."
"그(그녀)는 앞으로 어떤 행복한 인생을 살게 될까?"
"한순간 일이 뜻대로 풀리지 않아 침울해질 때가 있어도 (누구나 그런 일은 있으니까) 언젠가 멋지게 재기하는 모습을 보여줄 거지?"
"더 매력적인 사람이 되어 멋진 인생을 사는 모습을 지켜볼 거야!"

자신을 믿을 수 있는 사람은 가족을 믿고 지켜볼 용기를 가질 수 있다. 아무리 힘든 상황이라 해도 밝은 모습으로 흔들리지 않고 당당하게 맞설 수 있다.
그것은 어떤 순간에도 변하지 않는 생각, 사랑과 신뢰다.

● <u>우주의 흐름을 거스르지 않는다</u>

"어떻게든 가족을 바꾸고 싶어."

본래 존재해야 할 우주의 질서가 무너져 있는 경우에는 이런 생각이 머릿속을 가득 채운다. 가족의 경우, 우주의 에너지는 부모로부터 자녀에게로 흘러가지만 아이가 부모의 기대에 부응하기 위해 노력하거나 부모가 기뻐하는 결혼 상대를 찾으려 하는 것은 이 에너지의 흐름을 거스르는 결과를 낳는다.

부모는 자녀를 낳고 그 자녀에게 그 자녀만의 우주를 줄 수 있지만 자녀는 부모를 낳을 수 없다. 즉, 우주에 흐르는 에너지는 부모로부터 자녀에게로 흘러가야 한다.

하지만 자녀는 부모에 대한 애정 때문에 이 흐름을 거스르기 쉽다. 특히 부모가 행복해 보이지 않는 경우, 부모에 대한 깊은 사랑 때문에 "엄마가 불행하니까 나도 행복해질 수 없어."라고 충성을 맹세하듯 그 모습을 따른다.

애정의 흐름이 역류하면 자녀가 필사적으로 부모에게만 집중하게 되고 어느 틈엔가 자신의 우주가 갖고 있는 가능성에 "나는 우리 부모님보다 행복해질 수 없어." 하고 제동을 걸게 된다.

만약 '부모님이 불행한데 나만 행복해질 수는 없어.'라는 마음을 가지고 있다면 그것은 단순한 착각이다. 그건 당신의 독선적인 결단이라는 사실을 빨리 깨달아야 한다.

이 상태를 해소하려면 일단 부모의 인생을 존중해야 한다.

그렇다. 부모의 정신적인 문제를 보살펴주려 한다는 것은 부모의 인생을 인정하지 않는다는 뜻이다. 우선 부모의 인생을 최대한 존중하고 '부모님은 부모님대로 최선을 다해 자신의 인생을 살아온 거야.'라고 생각하고 축복하자. 그것이 '부정적 인간 생산 라인'을 차단하는 방법이다.

설사 당신의 부모가 정말 불행한 인생을 보내고 고통스러운 나날을 살아왔다고 해도 '불쌍한 존재'가 아니라 '영혼이 성장하기 위해 그 인생을 스스로 선택해서 살아온 존경할 만한 존재'라고 생각해야 한다.

판정을 하는 태도는 버리고 자신의 모든 일들이 뜻대로 풀려나가지 않는 것을 부모 탓으로 돌리는 행동은 지금 당장 버려야 한다. 판정은 단순한 각색이다. 부모의 불행에 눈물을 흘리고 부모의 가치나 살아가는 능력을 낮추어 보고 "내가 뭔가 도움을 드려야 돼."라고 참견할 필요는 전혀 없다.

그보다는 자기 자신의 인생을 최대한으로 행복하게 만들어야 한다. 결과적으로는 그것이 가족 전체에 바람직한 영향을 주게 된다. 누군가를 행복하게 만들고 싶다면 당신이 먼저 행복해져야 한다.

사람에게는 누구나
자신을 행복하게 만들 수 있는
능력이 갖춰져 있다

우주의 규칙 15

무슨 일이 있어도
한 치 앞은
'광명'이다!

몇 개월 후…
가족의 마음을 알고
자기가 사랑을 받고
있었다는 사실을
깨달은 히로미는
자기 안에 존재하는
진정한 자신을 되찾아
자신의 우주를 믿고
더욱 아름다워져
가고 있었다.

그리고
아기 우주님은…
약간 지나칠
정도로 화려하게
멋을 내고 있는
자신을 깨닫고

역시 품위 있는
멋진 우주님으로
성장했다.

❶ 어떤 경우에도 도중에 함부로 판단하지 말자!

우주는 드라마틱한 연출을 좋아한다. 그렇기 때문에 굳이 클라이맥스를 앞두고 한 번 더 힘든 상황을 연출하거나 전개하기도 한다. 주문을 보낸 뒤에 원하는 대로 일이 진행되지 않을 때, 그 상황에만 집착하면 안 된다. 당신이 주문을 취소하지 않는 한, 모든 일은 순조로운 방향으로 흘러가며 그 결과는 반드시 나타난다.

❷ '한 치 앞은 광명'이라고 말하면 그대로 주문이 된다

일이 원하는 대로 진행되지 않을 때 당신은 "역시…."라고 말하는가, 아니면 "이번에는 분명 잘될 거야!"라고 말하고 한 걸음 더 나아가는가? 이것이 주문 실현의 당락을 정하는 중요한 갈림길이다.

'한 치 앞은 어둠'이라는 말이 있지만 나는 '한 치 앞은 광명'이라고 생각한다. 우주를 얕보지 말고 철저하게 믿자.

―― 우주님의 가르침을 인용한 보충 강의 ――

내게는
드라마틱한 전개가
펼쳐지지 않는데?

● **드라마틱한 우주를 최대한 즐긴다**

우주는 드라마틱한 전개를 정말 좋아한다.

사람들이 생각하는 것보다 훨씬 더 극적인 상황을 만들어내는 경우도 적지 않다. 《우주님이 가르쳐준 운이 풀리는 말버릇》에 이어 이 책에도 자주 등장하는 우주님을 비롯해서 미도리, 가라스텐구 등 《우주님이 가르쳐준 운이 풀리는 말버릇》 캐릭터를 등장시킨 이유는 당신의 우주에도 이런 등장인물들이 존재하며 당신에게 가장 잘 어울리는 이상적인 우주를 만들기 위해 노력하고 있다는 것을 이미지로 보여주기 위해서다. 물론 이런 등장인물들은 내게도 보이지 않는다.

아, 물론 물질로서 등장하는 존재들도 많이 있다. 나를 예로 들자면 하얀 고양이를 안고 있는 마담, 함께 일하는 동료, 이 책을 함께 만들어준 편집 팀, 세미나를 할 때 도움을 주는 분들이다.

내게는 보이지 않는 장소에서, 하지만 확실하게 나의 우주 안에서 나의 주문을 실현해주기 위해 움직여주는 최고의 '친구'들이 있는 것이다.

"나의 우주에는 드라마틱한 일이 일어나지 않는다."

이런 말도 주문이다. 그리고 이것은 자기 자신을 자신의 우주에서 조연으로 살도록 하겠다는 선언과 같다. 드라마틱하고 멋진 우주에서 살고 싶다면 우선 자신을 자신의 우주에서 중심 위치에 놓아야 한다.

그리고 우주가 가장 좋아하는 드라마틱한 전개가 펼쳐졌을 때, 히로미처럼 도망가는 모습은 절대로 보이지 말아야 한다. 그런다면 우주님은 "이봐! 정말 도망가는 거야? 지금이 클라이맥스인데 주연이 도망을 가다니! 나를 전혀 믿지 않는구나!"라면서 크게 화를 낼 것이다.

그렇다. 신데렐라가 12시가 되자 구두를 남기고 도망친 것은 어디까지나 그 후의 전개를 보다 드라마틱하게 끌어가기 위한 연출이지만 연출이 아닌 경우에 무대에서 도망치는 행동은 분명히 말하자면 주인공으로서 실격이기 때문이다!

당당하게 자신의 우주의 중심에 서서 우주에서 가장 아름다운 자신을 연기하자.

우주는 정말 드라마틱하다니까!

마치고 나서 _____

끝까지 읽어주신 독자 여러분께 진심으로 감사를 드린다.
히로미의 극적인 결말, 멋지다. 왠지 눈물이 날 것 같다.
그리고 히로미 이야기는 설정을 약간 바꾸기는 했지만 실제
모델이 존재한다. 이런 식으로 드라마틱하게 인생을 바꾸고
행복을 거머쥔 여자, 나도 우주님도 깜짝 놀랐다.
히로미와 나는 지푸라기라도 잡고 싶은 심정으로 우주님이
보내주는 힌트를 최선을 다해 따르고 실행했다. 한편
"우주에서 보내오는 힌트가 뭔지 모르겠다."는 질문도 많이
받았다. 아마 가장 많은 질문이었을 것이다.
'우주로부터의 힌트'는 우연히 떠오르는 지혜나
아이디어라고 설명했지만 사실 힌트를 받는 그 시점에서는
힌트라는 사실을 거의 모른다. 나중에 되돌아보고서야

비로소 "아! 그게 주문이 이루어지게 해주는 결정적인 힌트였구나." 하고 깨닫는다. 즉, 나중에야 깨닫고 이해하게 되는 정말 심술궂은 힌트다.
하지만 한 가지 확실한 게 있다.
나중에 "아, 이게 힌트였구나!" 하고 깨닫는 사람은 '실제로 행동한 사람'이라는 것이다.
좀 더 정확하게 설명하자면 "이것이 우주에서 보내온 힌트인지는 모르겠지만 왠지 마음이 끌리니까 일단 행동으로 옮겨보자." 하고 행동으로 옮긴 사람이다.
이 우주에는 행동으로 옮긴 사람에게만 보이는 세상이 있다.

여기서 새삼 "어떻게 하면 우주에서 보내는 힌트임을 알 수 있나요?" 하는 질문에 우주님이 어떻게 대답할지 상상해보자.
"이것저것 따지지 말고 일단 행동에 옮겨! 힌트를 모르겠다고? 그건 당신이 행동을 하지 않기 때문이야!"
아마 이렇게 말하지 않을까. 그 이유는 우주님이 "'문득 떠오른 생각'을 '행동으로 옮겨서' 결과를 낸다."라고 말했기 때문이다.
이런 과정을 몇 번 거듭하는 동안에 '우주로부터의 힌트를 구분하는 비결'이 생겨나게 된다. 지속적으로 되풀이하는 동안 '문득 떠오른 생각'에 나름대로의 확신, "아, 이거야!

이게 힌트야!"라는 감각이 갖추어진다. 이는 실제로 그 영역에 도달한 사람만이 느낄 수 있는 감각이다.
그렇기 때문에 일단 행동을 해야 한다. 반복적으로 행동해서 검증을 한 사람만이 깨달을 수 있는 세계에 발을 들여놓아야 한다.
나도 할 수 있었으니까 여러분도 당연히 할 수 있다.
전에 우주님으로부터 이런 말을 들은 적이 있다.
"현상 유지는 곧 쇠퇴야! 움직여. 일단 움직여야 돼!"
그 말을 듣고 강한 공포를 느꼈다. 그리고 마음속으로 '그래. 지속적으로 행동해보자.'라고 결심했다.
우주도 인간도 모두 진화한다.
어느 한 장소를 향해 계속 진화를 거듭한다. 우리가 향하고

있는 목적지는 '사랑'이다. 사랑은 모든 것의 원천이다.
인간 의식의 집합체가 우주의 의식을 구축하고 우주 역시
수많은 인간들의 우주가 사랑을 거쳐 하나로 완성되어가는
과정을 한껏 즐긴다. 즉, 보다 장대한 드라마가 우주에서
전개되고 있다.
그렇기 때문에 우리는 각자의 우주, 한정된 수명 안에서
최고로 드라마틱한 우주를 완성해나가야 한다. 그렇게
하려면 '현상 유지'는 있을 수 없다.
언젠가 우주로 돌아갈 그날까지, 끊임없이 행동해서 잇달아
기적을 체험하며 지구를 한껏 맛보아야 한다.

새삼 주변을 둘러보자.

행복한 인생을 살고 있는 사람은 일단 행동하는 사람일 것이다.
행동한 사람만이 갈 수 있는 멋진 세계를 향하여 함께 돌진해보자.
마지막으로, 끝까지 읽어주신 독자 여러분에게 감사의 마음을 담아 우주 최고의 응원을 보낸다.

사랑의 빔!

고이케 히로시

2억 빚을 진 내게 우주님이 가르쳐준 운이 풀리는 말버릇 만화편

초판 1쇄 발행 2018년 12월 18일
초판 5쇄 발행 2022년 9월 20일

지은이 | 고이케 히로시
그린이 | 아베 나오미
옮긴이 | 이정환
펴낸이 | 한순 이희섭
펴낸곳 | (주)도서출판 나무생각
편집 | 양미애 백모란
디자인 | 박민선
마케팅 | 이재석
출판등록 | 1999년 8월 19일 제1999-000112호
주소 | 서울특별시 마포구 월드컵로 70-4(서교동) 1F
전화 | 02)334-3339, 3308, 3361
팩스 | 02)334-3318
이메일 | namubook39@naver.com
홈페이지 | www.namubook.co.kr
블로그 | blog.naver.com/tree3339

ISBN 979-11-6218-047-1 03190

값은 뒤표지에 있습니다.
잘못된 책은 바꿔 드립니다.

이 도서의 국립중앙도서관 출판예정도서목록(CIP)은 서지정보유통지원시스템 홈페이지 (http://seoji.nl.go.kr)와 국가자료공동목록시스템(http://www.nl.go.kr/kolisnet)에서 이용하실 수 있습니다. (CIP제어번호: CIP2018038642)